9 Plätze 9 Schätze

Entdecken wir Österreichs unendliche Vielfalt

ORF WIE WIR.

KRAL VERLAG

ORF-SHOW 2022
»9 Plätze – 9 Schätze«, Mittwoch, 26. Oktober 2022, 20.15 Uhr in ORF 2

WEITERE SENDUNGEN
»Heimat großer Töchter und Söhne«, Mittwoch, 26. Oktober 2022, 22.40 Uhr in ORF 2
»So schön ist Österreich«, Montag, 31. Oktober 2022, 20.15 Uhr in ORF 2

Für den Inhalt verantwortlich: OLM (ORF Landesstudio Marketing GmbH & Co KG)
Herausgeber: Mag. Dr. Thomas Tröbinger
Konzept und Projektleitung: Mag. Sonja Franzke, vielseitig.co.at
OLM-Projektleitung: Sabrina Friedle, BSc
Umschlag- und grafische Innengestaltung: Silvia Wahrstätter, buchgestaltung.at

ISBN 978 3 99103 083 6

Inhalt

DIE VIELFALT ÖSTERREICHS

Wir leben in einem der allerschönsten Länder der Erde. Den Österreicherinnen und Österreichern ist das bewusst, und so gibt es auch im ORF-Fernsehen kaum etwas, das die Menschen mehr begeistert als eine Reise durch die Vielfalt Österreichs.

Die Sendung »9 Plätze – 9 Schätze« an jedem 26. Oktober ist eine der erfolgreichsten Programminnovationen der vergangenen Jahre und mittlerweile ein fixes Highlight im Fernsehjahr. Der Nationalfeiertag ist kaum mehr denkbar ohne den sympathischen Wettkampf der Bundesländer um die schönsten Plätze des Landes. Und obwohl der ORF mit der Sendung bereits seit 2014 begeistert, warten noch unzählige Schätze in unserer Heimat auf ihre Entdeckung.

Österreich hat so viele Facetten und Kostbarkeiten – von den höchsten Wipfeln in den Kitzbüheler Alpen zu verzweigten Donauauen, von den Steppen am Neusiedler See zu den ursprünglichen Urwäldern der Kalkalpen. Der vorliegende Band zeigt Beispiele landschaftlicher Besonderheiten.

Unsere Heimat ist unsere Identität, und das Leben in und mit der Natur hat etwas Magisches, das uns an sie bindet. Österreich zu erkunden, kann wie ein Märchen sein – bezaubernd, überraschend und träumerisch.

Der ORF sucht immer die Nähe der Menschen und ihrer unmittelbaren Umgebung. Das gelingt nur mit der Hilfe der ORF-Landesstudios, die mit »9 Plätze – 9 Schätze« ein optimales Gemeinschaftsprojekt auf die Beine gestellt haben.

Ich wünsche Ihnen viel Freude mit diesem Band voller heimischer Schätze. Möge er Ihnen die zahlreichen Facetten unseres Landes näherbringen und Sie zu Entdeckungen inspirieren.

Mag. Roland Weißmann
ORF-Generaldirektor

9 PLÄTZE – 9 SCHÄTZE – EINE ERFOLGSGESCHICHTE

»9 Plätze – 9 Schätze« ist unbestritten eine Erfolgsgeschichte. Seit 2014 begibt sich der ORF auf die Suche nach den schönsten Plätzen Österreichs. Die landschaftlichen Schönheiten vor der Haustür sind ein Publikumsmagnet. Die Show gelingt als gemeinsame Aktion der neun ORF-Landesstudios mit der Abteilung Fernseh-Unterhaltung. Mit diesem Jahr wurden mittlerweile neun Shows produziert, acht Bücher herausgegeben und 243 Plätze ausgewählt. Jahr für Jahr erreicht die große Hauptabendshow am Nationalfeiertag rund eine Million Zuseherinnen und Zuseher.

2021 war der Wiegensee in Vorarlberg der schönste Platz Österreichs. Davor ging die Auszeichnung an die steirische Strutz-Mühle (2020), an den Lünersee in Vorarlberg (2019), den Schiederweiher bei Hinterstoder in Oberösterreich (2018), den Körbersee in Vorarlberg (2017), das Kaisertal in Tirol (2016), den Formarinsee und die Rote Wand in Vorarlberg (2015) sowie den Grünen See im steirischen Tragöß (2014).

Die 8. Ausgabe des Buches »9 Plätze – 9 Schätze« stellt wie in den Jahren davor alle 27 aktuellen Landeskandidaten in wunderschönen Bildern und Texten vor. Diese werden von den »Bundesland heute«-Stars und Publikumslieblingen aus den Bundesländern begleitet. Und auch diesmal werden sicher wieder viele Menschen überrascht sein, welche und wie viele landschaftliche Schätze in der näheren Umgebung und in ganz Österreich darauf warten, entdeckt zu werden. Denn die Plätze in der eigenen Region sind oft weniger bekannt.

Wir wünschen Ihnen von Herzen viel Vergnügen beim Lesen und Entdecken der schönsten Plätze Österreichs.

Karin Bernhard
Landesdirektorin ORF Kärnten
Mag. Werner Herics
Landesdirektor ORF Burgenland
Markus Klement
Landesdirektor ORF Vorarlberg
Gerhard Koch
Landesdirektor ORF Steiermark
Mag. Waltraud Langer
Landesdirektorin ORF Salzburg
Dr. Esther Mitterstieler
Landesdirektorin ORF Tirol
Klaus Obereder
Landesdirektor ORF Oberösterreich
Edgar Weinzettl
Landesdirektor ORF Wien
Robert Ziegler
Landesdirektor ORF Niederösterreich

TEILNEHMER 2022

»Ich bin Wahlburgenländerin. Ein weites, offenes Land mit weit denkenden, offenen Menschen. Genuss, Sport, Natur und kulturverliebt, da lässt es sich aushalten.«

Birgit Denk

»Die große Vielfalt des Burgenlandes zu entdecken, ist immer wieder überraschend. Fad wird dir im Burgenland nie. Aber wenn du das willst, gelingt dir auch das.«

Martin Ganster

ZICKSEE

Naturparadies am Steppensee im Seewinkel

Am Zicksee herrscht reger Flugverkehr in alle Himmelsrichtungen, er ist sozusagen eine Art Verkehrsknotenpunkt für Zugvögel. Vogelkundlerinnen und Vogelkundler und Naturliebhabende sind fasziniert von der Artenvielfalt am kleinen Steppensee. Dazu gesellen sich putzige Nagetiere: Auf und vor allem unter dem Campingplatz von St. Andrä am Zicksee lebt eine Kolonie von Zieseln.

Die Lacke im äußersten Osten Österreichs ist rund 120 Hektar groß und liegt auf halbem Weg zwischen Neusiedler See und ungarischer Grenze. Das idyllische, in der pannonischen Tiefebene gelegene Gewässer wurde schon Anfang des vergangenen Jahrhunderts von Sommerfrischlern entdeckt. Bereits in den späten 1920er-Jahren konnte St. Andrä am Zicksee bei Touristinnen und Touristen mit einer Badeanstalt punkten.

Gefiederte Touristen

Aufgrund der besonderen klimatischen Bedingungen im Seewinkel – mild, sonnig und niederschlagsarm – zieht es aber nicht nur menschliche Touristinnen und Touristen an den Zicksee. Er ist vor allem ein Hotspot für gefiederte Besucher. Die gesamte Region ist eines der großen Vogelparadiese. Die einen brüten hier und ziehen dann für die Wintermonate in den Süden. Nordische Vögel wiederum nutzen das Gebiet als Winterquartier. Weitreisende Zugvögel machen Zwischenstopp im Seewinkel. Hier mausern sie sich und tanken Energie für den Weiterflug.

Zu beobachten sind etwa der Stelzenläufer, der Dunkle Wasserläufer und, je nach Saison, auch der Zwergstrandläufer. Auch andere Watvögel wie der Säbelschnäbler, der Kiebitz und der Große Brachvogel sammeln sich hier.

Ein besonderes Naturschauspiel ist ab dem Spätherbst zu beobachten: der Gänsestrich. Tausende Gänse, vor allem Graugänse und Blässgänse, erheben sich morgens und abends unter lautem Geschnatter scharenweise in die Luft und bilden keilförmige Formationen. Der v-förmige Flug der Gänse ist energiesparend, sie nutzen das Prinzip des Windschattens. Die vorderste Gans wird dabei ständig von einer anderen abgelöst. Ein entzückender Anblick sind die Gänsefamilien im Frühjahr. Rund um den Zicksee watscheln unzählige Gänseküken, die sogenannten Gössl, hinter ihren Müttern her. Sie sind auf der Suche nach Futter oder unterwegs zum Schwimmunterricht.

Ziesel am Zicksee

Während die außergewöhnliche Vogelschar einerseits vor allem Ornithologinnen und Ornithologen an den Zicksee lockt, bezaubern andererseits kleine Hörnchen die Urlaubsgäste in St. Andrä. Just unter dem weitläufigen Campingplatz der Seewinkel-Gemeinde lebt eine Ziesel-Großfamilie. Die Kolonie umfasst wohl mehr als einhundert Tiere. Interessanterweise scheinen die Ziesel in friedlicher Koexistenz mit den oberirdischen Campenden zu leben. Sie sausen zwar scheu zwischen den Zelten und Wohnwägen hin und her, einige mutige Exemplare lassen sich aber auch mit Sonnenblumenkernen, Rosinen oder Apfelstückchen aus der Hand füttern. Vermutlich trägt das Hunde- und Katzenverbot auf dem Campingplatz von St. Andrä zum Wohlbefinden der kleinen Nager bei.

Gefährdetes Paradies

Leider ist das Naturparadies im Seewinkel akut gefährdet. Die Lacken und damit auch der Zicksee drohen auszutrocknen. Bereits seit Anfang der 1990er-Jahre sinkt der Wasserspiegel vor allem in den Sommermonaten dramatisch ab. Seither wird dem See Grundwasser zugepumpt, in den

Ein Ziehbrunnen mit Schilfhütte – genannt »Hiata-Hittn«, Hüterhütte – als Zeuge des Puszta-Flairs.

Die Raststation Zicksee ist bei interessanten Durchzüglern beliebt.

Anfangsjahren bis zu eine Million Kubikmeter Wasser pro Jahr. Aufgrund der allgemeinen Wasserknappheit im burgenländischen Seewinkel mussten diese Rationen aus dem Grundwasser allerdings reduziert werden. Bisweilen beträgt der Pegelstand des Zicksees deshalb nicht mehr als 30 Zentimeter, einst waren es 250. Besonders bedrohlich ist dieses Niedrigwasser für den Fischbestand, aber auch für die Vogelwelt.

Neuorientierung des Tourismus

Der Name Zicksee stammt vom ungarischen Wort »szik«, auf Deutsch etwa »Sodaerde« oder »aufblühende Erde«. Der Schlamm des Seebodens enthält tatsächlich viel Soda, Schwefel und Glaubersalz. Früher wurde der Seeschlamm auch für therapeutische Zwecke verwendet, vor allem im Erholungsheim des Kriegsopferbundes, das Ende der 1920er-Jahre am Ufer des Zicksees errichtet wurde. Aus diesem Heim ist im Lauf des vergangenen Jahrhunderts ein orthopädisches Reha-Zentrum geworden, das jährlich rund 50.000 Nächtigungen verzeichnet. Der Tourismus am Zicksee befindet sich hingegen gerade im Umbruch. Früher kamen vor allem Badegäste und Surferinnen und Surfer. Jetzt sind es zunehmend Naturliebhabende, die am Zicksee Urlaub der leisen Art suchen und finden.

So finden Sie zum Schatz

Kontakt: Marktgemeinde St. Andrä am Zicksee Hauptstraße 59 7161 St. Andrä am Zicksee www.gemeinde-standrae.at Tel. 02176 2300
Anreise: Öffentlich: REX 93 ab Neusiedl am See bis St. Andrä am Zicksee, zu Fuß etwa 25 Min. bis zum See.
Auto: A4 Ausfahrt Mönchhof, Mönchhofer Landesstraße B51 bis St. Andrä am Zicksee.

DONATUSKAPELLE IM BLAUFRÄNKISCHLAND

Ein Kraftort mit weitem Blick übers Land

Seit Generationen zieht es die Neckenmarkterinnen und Neckenmarkter hinauf zur Kapelle inmitten der Weinberge. Hier wird gerne geheiratet, hierhin führt die Prozession zu Christi Himmelfahrt, hier wird die berühmte Neckenmarkter Fahne geschwungen. Es ist wohl die schier endlose Aussicht, die den besonderen Reiz dieses Fleckchens Erde ausmacht, auf dem die Donatuskapelle errichtet wurde.

Zu finden ist die Kapelle auf einem Hang nördlich der Marktgemeinde Neckenmarkt im Bezirk Oberpullendorf nahe der Grenze zu Ungarn. Von hier aus eröffnet sich ein weiter Blick über die Weingärten hinweg auf die Ebene des Neusiedler Sees. Für die Bevölkerung von Neckenmarkt ist dieser Platz eine wahre Pilgerstätte, ein Ausflugsziel, das aufgrund seiner landschaftlichen Schönheit immer wieder aufgesucht wird. Der Volksmund nennt das kleine sakrale Bauwerk schlicht »Weingartenkapelle«. Errichtet wurde es 1735 zu Ehren des heiligen Donatus, des Schutzpatrons der Winzer, damit er die Rebstöcke vor Unwetter und Hagel schüt-

zen möge. Um die Erhaltung und Renovierung der Kapelle kümmert sich bis heute der Weinbauverein Neckenmarkt. Zuletzt wurde die Donatuskapelle im Jahr 2015 generalsaniert und mit einer neuen Glocke ausgestattet.

Schutzheiliger der Winzer

Donatus von Arezzo wurde im Jahr 300 geboren. Der Legende nach vollbrachte er als Bischof zahlreiche Wundertaten. So soll er zum Beispiel einen Drachen, der den Brunnen vergiftete, überwältigt und eine Frau namens Euphrosina wieder zum Leben erweckt haben. Zum Patron der Weinbauern wurde er allerdings

Die aussichtsreiche Weingartenkapelle ist beliebt bei Romantikern.

durch folgende Geschichte: Donatus habe während einer Messe einen zerbrochenen Kelch wundersam wieder zusammengefügt und in diesem den Wein an die Gläubigen gereicht, woraufhin 79 Heidinnen und Heiden spontan zum Christentum übergetreten sein sollen. Der Bischof selbst wurde ein Opfer der Christenverfolgung und starb 362 unter Kaiser Julian Apostata als Märtyrer. Als Patron der Neckenmarkter Kapelle ist der Heilige Donatus in einem ovalen Gemälde auf der Vorderseite des Altartisches dargestellt. Das große Altarbild ist der Auferstehung Christi gewidmet.

Das Blaufränkischland

Neckenmarkt ist eine von sechs Weinbaugemeinden des Mittelburgenlandes. Diese Region mit gut 2.000 Hektar Rebfläche wird auch Blaufränkischland genannt. Mit rund 55 Prozent nimmt die Rebsorte Blaufränkisch tatsächlich den größten Teil der Anbaufläche ein. Auf den schweren Löß- und Lehmböden des Mittelburgenlandes gedeiht diese Sorte besonders gut. Die Weine haben ein charakteristisch-würziges, sehr fruchtiges Bukett und eine dunkle, rubinrote Farbe mit violettem Schimmer. Weitere Hauptsorten der Region sind Zweigelt, Cabernet Sauvignon und Merlot.

Die Kultur der Weinrebe lässt sich in der Geschichte Neckenmarkts bis in die Keltenzeit zurückverfolgen. Vor allem zur Römerzeit in der damaligen Provinz Pannonien hatte die Weinwirtschaft schon große Bedeutung. Heute liegen die Neckenmarkter Weingärten direkt an der ungarischen Grenze an den Hügeln des Ödenburger Gebirges. Ein alter ungarischer Wachturm, ein Relikt des Eisernen Vorhangs, wurde in der Nähe der Donatuskapelle aufgestellt, flankiert von Informationstafeln, die an die unseligen Zeiten der verminten Grenze erinnern, an die Zeit vor dem Abbau des Stacheldrahts im Jahr 1989.

400 Jahre Fahnenschwingen

Ein sehr spezielles Brauchtum hat die Weinbaugemeinde seit vier Jahrhunderten bewahrt: das Fahnenschwingen. Der Brauch erinnert an die

So finden Sie zum Schatz

Kontakt: Marktgemeinde Neckenmarkt
Rathausgasse 1
7311 Neckenmarkt
Tel. 02610 42263
www.neckenmarkt.net
Anreise: Öffentlich: REX 93 bis Deutsch-kreutz, dann Bus 1847 bis Neckenmarkt, dann im Ort fragen.
Auto: S31 Ausfahrt Weppersdorf/Markt St. Martin, Richtung Györ/Ungarn bis Neckenmarkt fahren. Im Ort nach der Donatuskapelle fragen.

Schlacht von Lackenbach im Jahr 1620 und den heldenhaften Einsatz der Bevölkerung gegen die Siebenbürgischen Reitertruppen. Der kaisertreue Graf Nikolaus Esterházy war damals in seinem Schloss von einer über-mächtigen Heerschar eines ungarischen Aufständischen eingekesselt wor-den. Die Neckenmarkter Bauern und Bürger zogen nach Lackenbach und stemmten sich erfolgreich gegen die Magyaren. Als Dank für den rettenden Einsatz verlieh Esterházy den Neckenmarktern das »kaiserliche Privileg der Fahne«. In Erinnerung an dieses historische Ereignis und den Mut der Männer wird diese Fahne seither in einem genau festgelegten Ritual und in einer bestimmten Choreografie geschwungen. Die Burschenschaft des Ortes wählt dazu alljährlich einen »Fähnrich«. Das große Fest der Fahnen-schwinger findet traditionell am ersten Sonntag nach Fronleichnam in Neckenmarkt statt. An diesem sogenannten »Umgangsonntag« schwingt der Fähnrich seine Fahne auch oben am Kraftort vor der Donatuskapelle.

FRIEDENSBURG SCHLAINING

Die Metamorphose eines mittelalterlichen Bauwerks

Einst war sie das Bollwerk eines Kriegshelden, heute ist Burg Schlaining dem Frieden, der Konfliktlösung und der Geschichte gewidmet. Die erstmals im Jahr 1271 urkundlich erwähnte Anlage hat also im Laufe der Jahrhunderte eine 180-Grad-Wendung in ihrer Bestimmung genommen. Zum 100. Geburtstag des Burgenlandes zeigt sich die Friedensburg in neuem Glanz.

»Wir, Andreas Baumkircher von Schlaining, Burggraf zu Pressburg, haben dieses großartige Werk mächtiger Mauern errichtet, begonnen im Jahr 1450.« So lautet übersetzt die in lateinischer Sprache verfasste Inschrift auf einer Marmorplatte, die im Hof von Burg Schlaining im südburgenländischen Bezirk Oberwart zu sehen ist. Kaiser Friedrich III. aus dem Hause Habsburg hatte bereits einige Jahre zuvor seinem verdienten Kämpfer und Söldnerführer dieses Kastell mit ursprünglichem Namen »Zloymuk« verpachtet.

Andreas Baumkircher ließ es zu einer massiven Verteidigungsanlage mit repräsentativen Wohnräumen ausbauen. Auf Baumkirchers Tod – er hatte sich Jahre später gegen seinen Kaiser gestellt und war dafür 1471 hingerichtet worden – folgten über die Jahrhunderte unzählige Besitzer, unter anderen die Grafen Batthyány, die ungarische Hermesbank oder der ehemalige österreichische Handelsminister Udo Illig. 1980 übernahm das Land Burgenland die mächtige Burganlage.

Von der Wehranlage zur Friedensburg

Es war die Zeit des Kalten Krieges zwischen Ost und West. Burg Schlaining lag damals am scheinbaren Ende Europas, ganz in der Nähe des Eisernen Vorhangs. 1982 gründete der damalige burgenländische Landesrat für Kultur, Gerald Mader, unterstützt von der damaligen Wissenschaftsministerin Hertha Firnberg, das »Österreichische Institut für Friedensforschung«. Es war die Geburtsstunde der Friedensburg Schlaining. Das heutige ASPR (Austrian Study Center for Peace and Conflict Resolution) beschäftigt sich unter anderem mit Friedenspädagogik und organisiert weltweit Friedensverhandlungen.

Neuer Glanz zum Jubiläum

1921 kam das Burgenland zu Österreich. Im Vorfeld der Feierlichkeiten zum 100. Geburtstag wurde Burg Schlaining umfassend und aufwendig restauriert. Dabei kamen historisch wertvolle Schätze zu Tage. Ein Beispiel dafür ist das Fragment einer Wandmalerei aus dem 15. Jahrhundert, bei der die äußerst seltene Farbe »Ägyptisch Blau« verwendet wurde. Seit Sommer 2021 ist die beeindruckende Burganlage wieder öffentlich zugänglich. Die Jubiläumsausstellung »Wir sind 100. Burgenland schreibt Geschichte« zeichnet auf rund 1.300 Quadratmetern die wechselvolle Historie des jungen Bundeslandes nach. Diese Schau bildet das Fundament eines künftigen Museums für burgenländische Zeitgeschichte, das 2023 eröffnet werden soll.

Musik und Wein

Der Burghof wie auch die Festsäle der Burg bilden zudem den Rahmen für Konzerte unterschiedlicher Genres. Hervorzuheben ist hier das Festival »Klangfrühling«. Seit gut zwei Jahrzehnten stehen dabei Barockmusik, Klassik und Romantik neben Neuer Musik und Uraufführungen auf dem Programm.

Aber auch der burgenländischen Weinkultur wird auf Burg Schlaining eine Bühne geboten. In die romantischen Kellergewölbe der Festung ist eine gut sortierte Landesvinothek eingezogen. Hunderte Weine aus allen Weinbaugebieten des Burgenlandes können hier verkostet werden.

Von der Rebellenburg
zum Friedenszentrum:
Burg Schlaining.

Mittelalterliches Stadtschlaining

»Die Burg für den Teufel, die Stadt für die Welt und das Kloster für sein Himmelreich.« So sprach Andreas Baumkircher anno 1462. Damals, als zwischen dem Kaiser und seinem Gefolgsmann noch eitel Wonne herrschte, gestattete Friedrich III. seinem Ritter Baumkircher, bei der Burg eine Stadt »von Neuem« zu bauen. Bis heute konnte der mittelalterliche Charakter der Kleinstadt, vor allem des Hauptplatzes, erhalten werden. Der von denkmalgeschützten Häusern umrahmte Platz wurde ebenfalls erst kürzlich liebevoll nach historischen Bildern neu gestaltet. Statt Asphaltfahrbahn und Gehsteig lädt nun eine durchgehend gepflasterte Fläche zum »Bewohnen« der Stadt.

Einst größte jüdische Gemeinde des Burgenlandes

Ein bemerkenswertes Haus am Hauptplatz ist die ehemalige Synagoge. Sie wurde ebenfalls kürzlich restauriert und zu einem Gedenkort für die jüdische Gemeinde von einst gemacht. Noch Mitte des 18. Jahrhunderts lebten rund 650 Jüdinnen und Juden in Stadtschlaining, bis 1938 war bereits die letzte jüdische Familie von den Nazis vertrieben. »Spurensuche. Fragmente jüdischen Lebens im Burgenland« heißt die Ausstellung, die in der Synagoge zu sehen ist.

So finden Sie zum Schatz

Kontakt: Tourismusverband Stadtschlaining Baumkirchergasse 1 7461 Stadtschlaining Tel. 03355 2201-30 www.stadtschlaining.at
Anreise: Öffentlich: Regionalbus G1 ab Wien nach Oberwart, dann Regionalbus 7916 bis Stadtschlaining.
Auto: A2 bis Abfahrt Markt Allhau/Anschlussstelle Lafnitztal, B50 bis Oberwart, Umfahrung B63a, weiter auf Oberwarter Straße L240 bis Stadtschlaining.

»Die Ruhe und Kraft, die sich in den Grenzen meines Geburtslandes zwischen Seen und Bergen spiegeln, haben mir das gegeben, um der zu werden, der ich bin.«

Julian Waldner

»Kärnten entpuppt sich täglich neu als Paradies. Facettenreich, egal ob im See, am Berg oder in den Städten — es ist einfach schön, in Kärnten daheim zu sein.«

Bernd Radler

WANGENITZSEE

Ein Paradies im Herzen der Hohen Tauern

Als größter Bergsee Kärntens ist der Wangenitzsee knapp an der Grenze zu Osttirol dennoch kein Magnet für den Massentourismus geworden. Ganz im Gegenteil, er hat sich seine unangetastete Ursprünglichkeit bewahrt. Die ruhige Wasseroberfläche mutiert zum verträumten Spiegelbild einer grandiosen Kulisse aus Dreitausendern, die den See wie eine Perlenkette umschließen.

Mit einer Größe von 21,57 Hektar, so groß wie etwa 30 Fußballfelder, und einer Tiefe von 48 Metern ist der Wangenitzsee der größte Bergsee Kärntens. Aber auch weitere Vergleiche muss er nicht scheuen, er zählt nämlich zu den größten und tiefsten Hochgebirgsseen der Ostalpen. Gemeinsam mit dem Kreuzsee bildet er, 2.465 Meter über der Adria gelegen, ein imposantes Seenplateau, das mit naturbelassener Schönheit und schlichter Eleganz überzeugt. Atemberaubend schön sei es hier, meint eine Wanderin aus Wien im Vorbeigehen, ehe sie doch für ein paar Erinnerungsfotos stehenbleibt. »Das ist wie im Paradies hier!«

Reservoir für glasklares Wasser

3,5 Millionen Kubikmeter Hochgebirgswasser speichert der Wangenitzsee. Gespeist wird er nur vom kleineren Kreuzsee direkt daneben. Entwässert wird der See über den Wangenitzbach weiter in die Möll, die dem bekannten Kärntner Bergtal den Namen gibt. Sie wissen schon, »In da Mölltålleitn, in da Sunnaseitn, da seind die Diandalan noch amål so schean«, wie es in einem der beliebtesten Kärntnerlieder heißt. Die Sonne tut sich jenseits der 2.000er-Grenze aber schon schwer, den Wangenitzsee zu erwärmen. Die Sommerhöchsttemperatur liegt in den obersten Schichten meist nur um die 13 Grad. Etwa drei Viertel des Jahres, im langen Hochgebirgswinter, ist der See weitgehend von einer dicken Eisschicht überzogen.

Karge Schönheit

Den Wangenitzsee umzieht ein etwa zwei Kilometer langer Uferstreifen, die Landschaft ist steil, nur in den flacheren Bereichen machen Schutthalden den See einfacher zugänglich. Abwechslungsreiche Botanik sucht man hier vergebens. Es ist vor allem der für die Region typische Krummseggenrasen vorherrschend, ein Sauergrasgewächs, ebenso wie das Scheuchzer Wollgras, das vor allem an flachen Uferstellen wächst. Es wird auch Alpen-Wollgras genannt. Mit seinen weißen, bauschigen Blütenköpfen ist das Gras eine Augenweide am See und beliebtes Fotomotiv bei Wanderinnen und Wanderern. Allerdings trägt es wesentlich zur Verlandung alpiner Gewässer bei, weil es weit in das Wasser vordringen kann.

Wangenitzseehütte

Direkt am Ufer des Wangenitzsees thront die Wangenitzseehütte. Sie ist am Seenplateau der bis heute einzige bauliche Eingriff in die Natur. 1927 wurde die erste Schutzhütte an dieser Stelle eröffnet, damals gebaut von der Alpenvereinssektion Moravia in Böhmen. Kurz nach dem Zweiten Weltkrieg zerstörte ein Brand die Hütte komplett. Erst Jahrzehnte später errichtete die Sektion Holland im österreichischen Alpenverein ein neues Schutzhaus, 1966 wurde es eröffnet. Die Königlich niederländische Kletter- und Bergsportvereinigung verlor aber das Interesse. Deshalb ist die Hütte seit 2009 im Besitz der Sektion Lienz im Österreichischen Alpenverein. Betrieben wird die Wangenitzseehütte von Claudia und Franz Aßlaber. Mit viel Idealismus bewirtschaften sie die Schutzhütte, die auch als Ausgangspunkt für weitere Touren beliebt ist, beispielsweise auf das 3.283 Meter hohe Petzeck. Die Hütte bietet Mehrbettzimmer und Waschmöglichkeiten. Auch die Kulinarik kommt im Hochgebirge nicht zu kurz. Der Kaiserschmarrn mit viel Staubzucker und Preiselbeeren ist das beliebteste Gericht auf der Karte.

Die Wangenitzseehütte ist die höchstgelegene Schutzhütte in der Schobergruppe auf Kärntner Seite des Nationalparks Hohe Tauern.

Schobergruppe und Wiener Höhenweg

Der Wangenitzsee liegt in der Kernzone des Nationalparks Hohe Tauern, was menschliche Eingriffe weitgehend unmöglich macht. Aber schon zuvor war die Schobergruppe, grob verortet zwischen Lienz und dem Großglockner, in einem Dornröschenschlaf. Schilifte, Straßen oder Chaletdörfer gibt es hier kaum. Seit jeher steht der Gebirgszug im Schatten seiner wesentlich berühmteren Nachbarn, der Glockner- und der Venedigergruppe.

Eine Wiener Alpenvereinssektion eröffnete 1933 den Wiener Höhenweg, einen Weitwanderweg vom Iselsberg bis zum Glocknerhaus. Er wird in der Regel in fünf Tagesetappen begangen, mit Gehzeiten von vier bis sechs Stunden. Am Ende jeder Etappe wartet ein Schutzhaus, eines davon ist die Wangenitzseehütte, die von vielen als Highlight am Wiener Höhenweg gesehen wird.

So finden Sie zum Schatz

Kontakt:
Wangenitzseehütte
Claudia und Franz Aßlaber
Tel. 04852 72105
www.wangenitzseehuette.com

Anreise: Öffentlich: Ein Hüttentaxi verkehrt von Anfang Juli bis Mitte September am Donnerstag und am Sonntag ab Bahnhof Lienz: Abfahrt um 8.30 Uhr, Rückfahrt um 17 Uhr ab Parkplatz Seichenbrunn. Auto: Über Nussdorf in Osttirol durch das Debanttal bis zum Parkplatz Seichenbrunn. Staubiger, steiniger Weg, mit normalen Autos langsam gut befahrbar.

Vom Parkplatz Seichenbrunn (1673 m) führt der markierte Weg über die Gaimberger Felder bis zur Unteren Seescharte (2533 m), weiter zur Wangenitzseehütte (2508 m). Anstieg etwa 2,5 Stunden. Am Parkplatz Seichenbrunn kann Gepäck gegen Gebühr mit der Hütten-Materialseilbahn hinauf transportiert werden. Weitere Routen vom Iselsberg oder aus Mörtschach im Kärntner Mölltal, sie sind aber wesentlich länger.

STOLLENWELT VON BAD BLEIBERG

700 Jahre Bergbaugeschichte tief in Höhlen erleben

Bereits im 13. Jahrhundert begannen Knappen im Bleiberger Hochtal mit dem Abbau von Blei. Der Bergbau war einst die Lebensgrundlage des ganzen Tals hoch über Villach, die gesamte Wirtschaft war von den Tätigkeiten unter Tage abhängig. Nicht ohne Grund war es bis ins 19. Jahrhundert eines der am dichtesten besiedelten Alpentäler in Österreich.

Dunkelgrau und bräunlich, so ziehen sich die Blei- und Zinkadern durch den Bleiberger Erzberg, heute allerdings nur noch in homöopathischen Dosen, denn das Gestein wurde sukzessive und gründlich ausgehöhlt. Über Jahrhunderte brachten die Erze Reichtum ins Tal, bis ihr Vorkommen weitgehend erschöpft oder der Abbau nicht mehr wirtschaftlich war. Am 1. Oktober 1993 wurde der Bergbau endgültig eingestellt und das Ende einer Ära eingeläutet. Bis dahin haben die Knappen über die Jahrhunderte hindurch mehr als 1.200 Stollen und Schächte in den Berg getrieben – er ist wie ein Labyrinth durchlöchert. Zusammen-gerechnet ergibt die Bleiberger Stollenwelt eine Gesamtlänge von etwa 1.300 Kilometern, eine Strecke, auf der man mit dem Auto von Klagenfurt aus bis nach Barcelona fahren könnte.

Knappenkultur

Die Bleibergerinnen und Bleiberger sind noch immer eng mit dem Bergbau verbunden, wenngleich der aktive Abbau seit Jahrzehnten eingestellt ist. »Glück auf« ist eine bis heute allgemeingültige Grußformel im Hochtal zwischen der Villacher Alpe und den Gailtaler Alpen. Viele Einheimische haben alte Schremmstollen von der einstigen Bleiberger

... mit einem herzlichen »Grüß Gott« outet man sich schnell als jemand von außerhalb.

Bergwerks Union (BBU) übernommen und sie so vor einer unwiederbringlichen Sprengung bewahrt. Organisiert sind die vielen privaten Initiativen im Bergmännischen Kulturverein. Heute werden die Stollen, die manches Mal so eng sind, dass sie kaum begehbar sind, als Weinkeller oder urige Party-Locations genutzt. Viele Initiativen und Vereine aus Kunst und Kultur kümmern sich um den Erhalt des gesamten Erbes aus vergangenen Zeiten. 2010 wurde dem Hochtal eine besondere Ehre zuteil: die UNESCO nahm die Bleiberger Knappenkultur als Immaterielles Kulturerbe auf.

Mit konstanten acht Grad Lufttemperatur in den Stollen sind die beiden Schaubergwerke in Bad Bleiberg ein beliebtes Ziel, vor allem an heißen Sommertagen. Abkühlung ist garantiert, zusätzlich zu den tiefen Einblicken in die Bergbaugeschichte, Hunderte Meter unter der Erde. Die harte Arbeit der Knappen unter Tage wird auf Rundgängen und Rundfahrten mit der historischen Grubenbahn erlebbar. Ein Highlight im Schaubergwerk ist die 68 Meter lange Bergmannsrutsche, bis heute die längste Europas. Am Stollenwanderweg, der am Erzberg als Rundweg angelegt ist, sind etwa 25 der ursprünglich 50 historischen Stolleneingänge im Bereich zu sehen, von jahrhundertealten engen Schremmstollen bis zu großen, maschinell gefertigten Streckenquerschnitten des 20. Jahrhunderts.

Kulinarik unter Tage

Durch den Bergbau wurden zufällig Thermalquellen entdeckt, aber auch die gesundheitlich positiven Nebeneffekte der Stollenluft. So gibt es heute im Ort zwei Heilklimastollen, in denen Kurgäste eine Stunde lang, dick eingepackt auf Liegen, in 99 Prozent Luftfeuchtigkeit entspannen. Ärztinnen und Ärzte verschreiben die Stollenkur bei Problemen mit den Atemwegen, aber auch bei Allergien. Sogar kulinarisch werden die alten Bergmannsstollen heute genutzt. So reift in einem Seitenstollen des Schaubergwerks der Blaue Nepomuk, ein Kärntner Blauschimmelkäse der Oberkärntner Molkerei, 50 Meter weit unter der Erde. Die zwei Kilo schweren Laibe bleiben mindestens drei Monate lang im Stollen und müssen wöchentlich von Käse-

So finden Sie zum Schatz

Kontakt: Tourismusinformation Bad Bleiberg
Thermenweg 1
9530 Bad Bleiberg
Tel. 04244 31306
www.bad-bleiberg.at
Anreise: Öffentlich: Mit der Bahn nach Villach, weiter mit dem Bus 8570/71 Richtung Kreuth bis Bad Bleiberg. Auto: A10 Abfahrt Villach-West, weiter auf der L35 oder Abfahrt Hermagor via Nötsch Richtung Bad Bleiberg.

meisterinnen und Käsemeistern gewendet und betreut werden. Wesentlich älter ist der flüssige Genuss, der sich unter Tage etabliert hat. Benannt nach der Schutzpatronin der Bergleute, gehört ein Stamperl Barbaraschnaps zu einem Bleiberger Stollenbesuch fast obligatorisch dazu. Es ist ein süßlicher Gewürzschnaps, der von jeder Familie im Tal in abgewandelter Form nach streng gehüteten Rezepten hergestellt wird. Das Grundrezept ist meist dasselbe: 750 Gramm Zucker hellbraun karamellisieren, mit einem Schuss Wasser ablöschen, eine in Scheiben geschnittene Zitrone, 7–8 Nelken und 1–2 Stangen Zimtrinde dazugeben und mit einem Liter Korn aufgießen. Kurz aufkochen lassen und abfüllen. Warm getrunken, ist der Schnaps wärmender Begleiter bei jeder Stollentour.

TRÖGERNER KLAMM

Wildromantische Schluchtenlandschaft unter Naturschutz

In der südlichsten Gemeinde Kärntens, in Eisenkappel-Vellach, rauscht der Trögerner Bach durch die gleichnamige Klamm, ein schluchtartiger Einschnitt in jahrmillionenaltes Gestein. Geblieben ist ein buntes Mosaik aus kargen Felsformationen, glasklarem Wasser, einzigartiger Pflanzen- und Tierwelt sowie seltener Geologie – ein Tal der Vielfalt.

Etwa drei Kilometer lang ist die Schlucht in den Vorbergen der Koschuta, ein mächtiges Felsmassiv in den Karawanken. Fast unvorstellbar, dass sich in den vergangenen Millionen von Jahren der Bach etwa 600 Meter weit in den Kalkfelsen gefressen hat, Erosion und Zeit haben es aber möglich gemacht. Dadurch sind bizarre Steingebilde entstanden, die im Kontrast mit Bewuchs und Wasser ein einzigartiges Gesamtbild der Klamm ergeben. Nicht ohne Grund wurde die Schlucht im Jahr 2018 zum Europaschutzgebiet ernannt.

Die Trögerner Klamm besteht zu großen Teilen aus Schlerndolomit. Er hat sich vor etwa 250 Millionen Jahren aus den Resten kalkhaltiger Organismen am Meeresboden gebildet, vermutlich in ruhigeren Gewässern einer Lagune im Meer zwischen Europa und Asien. Erst durch die Aufschichtung der Alpen sind die Gesteine an ihren heutigen Platz in der Trögerner Klamm gekommen. Ersichtlich ist das auch an der teils speziellen geologischen Schichtung in der Schlucht, wo mitunter weißer Schlerndolomit senkrecht neben schwarzem Flaserkalk und rotem Grödner Sandstein zu sehen ist – eine wahre Offenbarung der Erdgeschichte! Auch die Steine im drei bis sechs Meter breiten Bachbett sind besonders. Durch Erosion wird ständig neues Gestein eingespült und über die Jahre zu Schotter rund geschliffen. Auffallend ist hier die Tarviser Brekzie, die den Besucherinnen und Besuchern sofort ins Auge sticht. Es sind fossile Gesteinsbrocken, mehrfarbig – rot, braun und weiß. Auch dieser Schotter ist schon 250 Millionen Jahre alt. Ebenso sind Fossilien, versteinerte Muscheln oder Schnecken hier keine seltenen Funde.

Wasserreiche Klamm

Der Trögerner Bach schlängelt sich glasklar und in leuchtendem Türkis durch die Klamm. Nur nach Gewittern ist das Wasser oft tagelang trüb. An heißen Hochsommertagen wird darin gerne gebadet, vorwiegend in den beckenartigen Strudeltöpfen, die Gumpen genannt werden. Hier tummeln sich aber auch Bach- und Regenbogenforellen, und teils im Verborgenen haben viele andere, mitunter geschützte Tiere ihren Lebensraum, vor allem Käfer und Spinnen, doch auch Frösche und Libellen. Gleich unterhalb des Parkplatzes am Eingang zur Klamm ist das Silberbründl zu finden, eine Quelle mit handwerklich kunstreichem Abfluss über Holz-Leitungen.

Pflanzen

Auch die Pflanzen in der Trögerner Klamm sind teils einzigartig. Besonders auffällig sind die Schwarzkieferbestände. Die Bäume wachsen sehr selten und sind in der Schlucht, an den kargen Kalksteinflanken, sehr verbreitet, weil sie anspruchslos sind. Einst wurde das Holz geschlägert und bis nach Venedig transportiert. Denn Teile der Lagunenstadt wurden auf den Südkärntner Schwarzkieferstämmen errichtet. Auch für den Bühnenbau ist das Holz beliebt, weil es nicht knarrt. Typisch für die Höhenlage und die Schluchtenlandschaft sind Buchen- und Grauerlenwälder.

»Barrierefreie« Klamm

Seit 1925 ist die Trögerner Klamm vollständig von einer Straße erschlossen, asphaltiert und gut befahrbar. Dennoch empfiehlt sich die Wanderung durch die Klamm zu Fuß. Sie verläuft ohne nennenswerte Steigungen und ist auch mit Kinderwagen, Gehhilfen oder dem Rollstuhl gut zu schaffen.

Im Schlerndolomit lassen sich Zeugen einstigen Meeresgrunds finden.

Von der Straße aus ergeben sich traumhafte Ein- und Ausblicke in die Klamm. Immer wieder besteht die Möglichkeit, über die steile Böschung bis zum Wasser hinabzusteigen. Etwas oberhalb der Trögerner Klamm am Ende der Straße steht eine kleine Bergkirche samt Friedhof. Der Blick zum Koschuttamassiv ist beeindruckend.

Stein des Lebens

Glaubt man einer alten Sage, so ist irgendwo in der Trögerner Klamm der Stein des Lebens zu finden: Einst stürzte ein Jäger im Herbst in eine Grube und überlebte dann den ganzen Winter lang ohne Nahrung in einer Grotte. Eine Schlangenkönigin hatte ihn nämlich an besagtem Stein schlecken lassen. Der Jäger aber musste versprechen, niemandem davon zu erzählen. Als er jedoch im Frühling nach Hause kam, brach er sein Versprechen und berichtete von dem winterlichen Wunder. Genau in dem Moment, als er mit Gesellen den Stein suchen wollte, fiel er tot vom Pferd.

So finden Sie zum Schatz

Kontakt: Tourismusverband Eisenkappel-Vellach Vellach 10 9135 Eisenkappel Tel. 04238 8686 www.bad-eisenkappel.info
Anreise: Öffentlich: Ab Klagenfurt S3 bis Völkermart-Kühnsdorf, Bus 5416 Richtung Eisenkappel Auto: A2 Abfahrt Grafenstein, B85 bis Bad Eisenkappel.
Von Eisenkappel etwa acht Kilometer bis zum Parkplatz am Eingang der Schlucht. Sie ist auch mit dem Auto befahrbar, aber nicht empfehlenswert, weil die Ausblicke in die Klamm ausbleiben. Die Strecke ist sehr eng und kurvig.
Von Bad Eisenkappel gegenüber der Maria-Dorn-Kirche in die Ebriach-Trögerner Landesstraße einbiegen. Nach der Streusiedlung Ebriach gleich hinter der Schule bei der Markierung »Trögerner Klamm« links abbiegen, kurz darauf ist der Parkplatz erreicht. Auch am Ende der Klamm ist ein Parkplatz bei einer kleinen Wassererlebniswelt für Kinder. Eine Wanderung ist auch von hier aus talauswärts möglich.

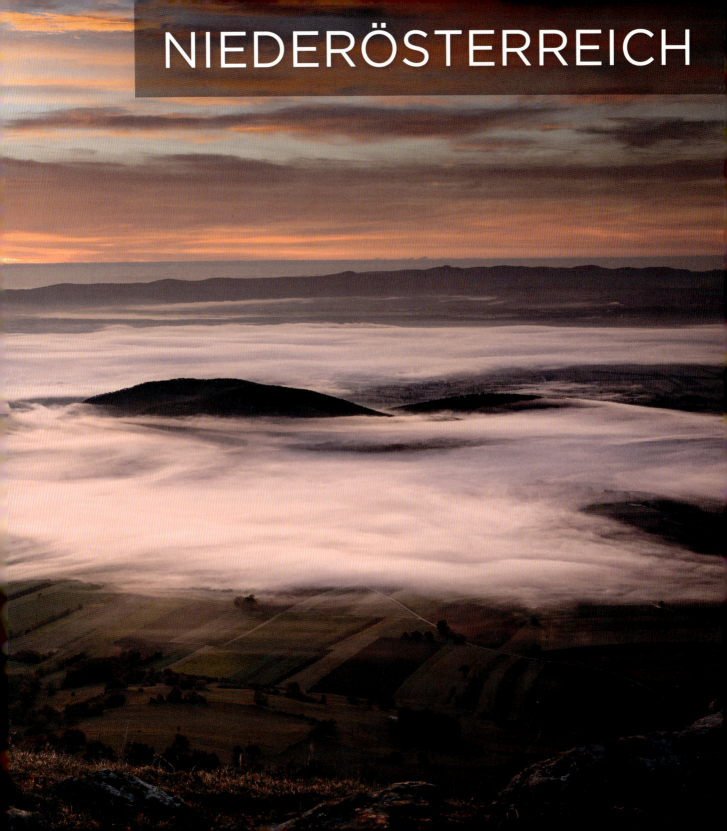

NIEDERÖSTERREICH

»»Ich lieb dich, NÖ‹ — habe ich schon einmal gesungen. Ich bin tief verwurzelt in meinem Bundesland und kann nur unterstreichen — ›da bin i her, da g'hör i hin‹. Egal ob Seen, Schlösser, Berge, Wälder — immer wieder bin ich überwältigt vom unendlichen Facettenreichtum meiner Heimat.««

Monika Ballwein

»Sattes Grün und blühende Täler, erfrischende Flüsse neben steilen Berghängen und eine schier endlose Weite. Kein anderes Bundesland bietet diese Vielfalt. Da bin ich daheim!««

Thomas Birgfellner

TAUSENDEIMERBERG

Ein Wahrzeichen im Herzen der Wachau

Er liegt mitten im Herzen der Wachau und gilt als Wahrzeichen der Gemeinde Spitz: der Tausendeimerberg. Der etwas mehr als 300 Meter hohe Felskegel thront gleich neben der Donau und ist Nährboden für exzellente Weine. Von ganz oben bietet der Tausendeimerberg einen herrlichen Ausblick auf die Landschaft, die je nach Jahreszeit in einem anderen Farbkleid erstrahlt.

Bereits vor langer Zeit erhielt der Tausendeimerberg seinen Namen. Die Trauben sollen hier in guten Jahren bis zu eintausend Eimer Wein eingebracht haben. Heute wird nicht mehr in »Eimern« gerechnet – umgewandelt entsprachen diese eintausend Eimer circa 56.000 Liter Wein. Der Tausendeimerberg, auch bekannt als »Burgberg«, ist von Weitem sichtbar und liegt inmitten des Winzerorts Spitz.

Beim Tausendeimerberg wird zwischen zwei Rieden unterschieden: Donauseitig bzw. auf der Vorderseite ist die Ried »Tausendeimerberg« zu finden. Dort ragen steile Weinterrassen empor, die Rebflächen haben hier bis zu 84 Prozent Hangneigung. Der Tausendeimerberg ist an seiner Vorderseite aus Paragneis und Marmor aufgebaut und gilt als typischer Urgesteins-Verwitterungsboden. Marmore sind wie Gneise Umwandlungsgesteine, die in der Wachau während der variszischen Gebirgsbildung entstanden. Bei den Ausgangsmaterialien handelt es sich um Kalke. Für diese sehr trockene Lage bildet der humusreichste aller Wachauer Weinböden einen wichtigen Wasser- und Nährstoffspeicher.

Der Tausendeimerberg wird ausschließlich händisch bewirtschaftet. Für diese Handarbeit sind die Wachauerinnen und Wachauer letztendlich auch bekannt. Vor allem die Weißweinsorten Neuburger, Riesling und Grüner Veltliner werden hier angebaut.

Auf der donauabgewandten Seite des Berges liegt die Ried »Burgberg«. Sie unterscheidet sich hinsichtlich des Bodentyps maßgeblich von der Ried »Tausendeimerberg«: Lamellenartige Wechsellagerungen aus kalkhaltigen, sandig-mergeligen Schichten bilden einerseits geologisch-bodenkundlich, andererseits auch optisch einen Kontrast zu den in der Wachau vorherrschenden Gneisen. Der Boden des Burgbergs ist schwer und kalkhaltig.

»Nun erscheint das malerische Spitz, gleich merkwürdig durch sein hohes Alter, urkundlich schon 830, als durch seine Betriebsamkeit. Der Markt rühmt sich, dass auf seinem Platze jährlich 1000 Eimer Wein wachsen, denn den Platz bildet eigentlich der in der Mitte des Marktes gelegene Tausendeimerberg«, schreibt Adolf Schmidls in seinem Buch »Wien's Umgebungen auf zwanzig Stunden im Umkreise nach eigenen Wanderungen geschildert« im Jahr 1835. Das Gemeindegebiet von Spitz weist tatsächlich eine mehr als 4000 Jahre alte Siedlungsgeschichte auf, das belegen Gräberfunde aus der Jungsteinzeit. Die erste urkundliche Erwähnung des Ortes stammt aus dem Jahr 830 aus der Schenkungsurkunde Ludwigs des Deutschen. 1347 erwirbt Spitz das Marktrecht, und schon damals existierten zwei Burgen, eine Kirche und mehrere Bürgerhäuser. Die ältesten Gebäude von Spitz sind am Fuß des Tausendeimerbergs zu finden.

Der kleine Winzerort war durch Wein-, Holz- und Salzhandel im ausklingenden Mittelalter und in der Neuzeit ein bedeutender Handelsort – dies zeigen die prachtvollen Bürgerhäuser und Lesehöfe. Heute hat sich Spitz mit seinen verträumten Gassen und Plätzen, den Renaissance- und Barockhäusern und dem Platz vor der spätgotischen Kirche aus dem 15. Jahrhundert als wunderbares Refugium zum Verweilen und Genießen etabliert.

Die ältesten Gebäude von Spitz sind am Fuß des Tausendeimerbergs zu finden.

Die Ruine Hinterhaus, auch Oberhaus genannt, liegt auf einem Ausläufer des Jauerlings.

Malerische Landschaft zu jeder Jahreszeit

Die Marillenblüte lockt jedes Jahr Tausende Touristinnen und Touristen aus aller Welt an und lässt die Wachau in zarten Pastelltönen erstrahlen. Vom Tausendeimerberg ist die Aussicht besonders zu dieser Jahreszeit eine wahre Augenweide. Vier Wanderwege führen rundum auf den Burgberg hinauf. Auf dem Gipfel wartet ein 360-Grad-Panoramablick über das Donautal und den Spitzer Graben – ein schöner Platz, um ein Picknick zu genießen oder einfach die Seele baumeln zu lassen. Natürlich darf ein Gläschen Wein hier nicht fehlen.

Ein beliebtes Ausflugsziel in der Wachau ist die Ruine Hinterhaus. Sie thront über dem Winzerort Spitz und diente vor rund 700 Jahren zur Überwachung der Donau. Ihre Wehrmauern, der romanische Palas und der Bergfried sind das ganze Jahr für Besucherinnen und Besucher zugänglich.

Aber auch mit dem Fahrrad kann der Tausendeimerberg bewundert werden, denn vom Donauradweg aus hat man den Spitzer Hausberg immer im Blick. Nach der Marillenblüte im Frühling wird die Frucht jedes Jahr im Juli groß gefeiert, ist doch die Wachauer Marille europaweit bekannt und zählt zu den wenigen österreichischen Produkten, die innerhalb der EU als eigene Marke geschützt sind. Und im Herbst zeigt sich die Wachau dann von einer besonders schönen Seite, wenn sich das Laub in den Weinterrassen goldgelb färbt.

So finden Sie zum Schatz

Kontakt: Ewald Stierschneider jun., Obmann Tourismusverein Spitz an der Donau, Mittergasse 3a 3620 Spitz an der Donau info@spitz-wachau.at www.spitz-wachau.at

Anreise: Öffentlich: Wachaubahn bis Bahnhof Spitz (nur Sommer), Bus Linie WL1 bis Spitz. Auto: S5 bis Krems bzw. A1 Abfahrt Melk, weiter auf der B5 bis Spitz. Parkmöglichkeiten an der Donauländande und beim Friedhof. Von dort ist es nur mehr ein Weg von ca. 15 Minuten auf den Tausendeimerberg.

JOHANNESBACHKLAMM

Schroffe Felsen, wildes Wasser

Entspannen, zur Ruhe kommen und zu sich finden – all das bietet die etwa einen Kilometer lange Johannesbachklamm bei Würflach im Bezirk Neunkirchen. Sie führt entlang von Schluchten und über Brücken durch die Region Hohe Wand – Föhrenwelt. Auch an heißen Tagen lädt die Johannesbachklamm mit ihren schattigen Wäldern, der angenehmen Brise vom Wasser her und den kühlen Gesteinsmassen zum Durchatmen ein.

Gesicherte Steige und Wege machen die Johannesbachklamm seit 1902 für Besucherinnen und Besucher zugänglich. Immer wieder wurden Brücken und Wege durch Unwetter zerstört. Nach einer schweren Katastrophe im Jahr 1926 wurde am Ausgang der Klamm eine Steinmauer errichtet. Die Gemeinde Würflach hat seither die Betreuung der Johannesbachklamm übernommen und sorgt für die laufenden Instandhaltungen.

Die 60 Meter tiefe Klamm – früher war sie unter dem Namen »Steinklaus« bekannt – erstreckt sich zwischen dem breiten Tale von Greith und dem bis Würflach reichenden Randgebiet des Steinfeldes. Der Johannesbach durchläuft von Rosental bis zur Klamm eine Schieferzone. Die Klamm selbst verläuft im Kalkstein zwischen dem Eichberg im Norden und dem Dürrenberg im Süden. Viele Millionen Jahre hat sich das fließende Wasser durch den Kalk gefressen und dabei tiefe Nischen in den Felswänden hinterlassen. Durch das stetige Wirbeln eines Steines an derselben Stelle entstehen schüsselförmige Vertiefungen, sogenannte Mühlen. In einer solchen Mühle ist der bekannte »Marientritt« zu finden.

Im 19. Jahrhundert nur von steigsicheren Bergleuten als Arbeitsweg genutzt, ist die Klamm heute die pure Sommer-Oase.

Wie jede Klamm ehrt auch diese
ihre Mythen und Sagen: Der
»Marientritt« verweist auf die
Fußbadrücke der heiligen Maria.

Die Sage vom »Marientritt« in der Johannesbachklamm

Der grausame König Herodes in Palästina fürchtete um seine Herrschaft, als er erfuhr, dass in Bethlehem ein Kind geboren war, das bereits als König bezeichnet wurde. Herodes ließ nach dem Kind suchen und erweckte den Anschein, das Kind namens Jesus anbeten und ihm huldigen zu wollen. In Wahrheit wollte der herrschsüchtige König das unschuldige Kind töten. Josef und Maria, die Eltern des Kindes, erfuhren von dem Plan des Judenkönigs und ergriffen die Flucht. Josef setzte Maria und das Kind auf einen Esel, packte ausreichend Proviant ein und machte sich mit den beiden auf den Weg. Sie waren schon viele Tage und Nächte unterwegs, als sie aus Grünbach über Rosenthal und Greith in die Johannesbachklamm kamen. Damals gab es noch keine Brücken, Stege und Wege – für Mensch und Tier kein einfacher Weg. Sie holperten und stolperten über Felsbrocken. Als sich die heilige Familie inmitten dieser felsigen Wildnis befand, öffneten sich die Schleusen des Himmels, eigroße Hagelkörner zersplitterten an den Felsmauern und die Wassermassen stürzten herab. Gottvater führte die Familie in eine große Felsnische, in der sie Unterschlupf fand. Nach dem Unwetter machten sie sich wieder auf den Weg und hinterließen im steinigen Boden der Felsmulde zwei Fußabdrücke. Es sind jene, wo die heilige Maria gestanden war, um ihr Kindlein zu schützen. Durch dieses Wunder hat Gottvater diesen Platz gesegnet. Seither wird dieser »Marientritt« oder »Liebfrauentritt« genannt.

Ein besonderes Ausflugsziel beim Besuch der Johannesbachklamm ist die Burgruine Schrattenstein in Greith. Besucherinnen und Besucher können auf der Ruine den Ausblick auf die gegenüberliegende Hohe Wand genießen.

Fauna und Flora in der Johannesbachklamm

Die Johannesbachklamm ist Lebensraum für verschiedene Eidechsenarten, Feuersalamander, Ringelnattern, Libellen sowie Schmetterlinge. Im klaren Wasser der Klamm sind Bachkrebse und Forellen zuhause. In den

So finden Sie zum Schatz

Kontakt: Gemeinde Würflach
Willendorfer Straße 150
2732 Würflach
Tel. 02620 2410
www.wuerflach.at

Anreise: Öffentlich: Mit der Bahn Richtung Payerbach-Reichenau bis Neunkirchen. weiter mit dem Bus 352 (via Grünbach) bis Würflach. Oder ab Wr. Neustadt mit der Bahn Richtung Puchberg/Schneeberg bis zur Haltestelle Rothengrub. 20 Min. zu Fuß bis zur Johannesbachklamm. Auto: A2 bis Ausfahrt Neunkirchen-Ost/Wr. Neustadt, weiter Richtung Neunkirchen, dann St. Egyden und Würflach. Kostenloser Parkplatz am Anfang der Johannesbachklamm.

angrenzenden Wäldern wachsen die unterschiedlichsten Pflanzenarten: von Farnen und Zyklamen über Schachbrettblumen bis zum seltenen Knabenkraut, einer speziellen Orchideenart.

Doch nicht nur bei wärmeren Temperaturen zahlt sich ein Abstecher in die Johannesbachklamm aus, auch im Winter ist der Ort gut besucht. Denn die Klamm ist seit Jahren für ihren Christkindlmarkt bekannt. Der Würflacher Adventmarkt direkt in der Johannesbachklamm bezaubert Groß und Klein. Zwischen Felsen, Wald und Wasser drängen sich rund um den traditionell geschmückten Christbaum mehrere Stände, die für weihnachtliche Stimmung sorgen. Der mehr als 20 Meter hohe Baum, geschmückt mit riesigen Kerzen, Kugeln und Geschenken, lässt Kinderaugen strahlen. Kunsthandwerker wie Glasbläser, Schmied, Drechsler und Holzschnitzer zeigen ihr Können. Kulinarische Köstlichkeiten – von heißen Getränken bis zu selbstgemachten Mehlspeisen – sorgen für das leibliche Wohl.

DIRNDLWEGE IM PIELACHTAL

Genusswandern im Tal der Dirndln

Das Mostviertel, insbesondere das Pielachtal, ist für sie bekannt: die Dirndlfrucht. Auf die leuchtend rote Frucht sind die Pielachtaler besonders stolz. Das macht sich insbesondere darin bemerkbar, dass der Dirndl viel Sorgfalt und Liebe entgegengebracht werden. Im »Tal der Dirndln« – so wird das Pielachtal liebevoll genannt – können die Dirndlwege bei Führungen erkundet werden.

Das Pielachtal reicht vom sanften Hügelland bis hinauf in die Mostviertler Alpen rund um den Naturpark Ötscher und ist geprägt von kleinstrukturierter bäuerlicher Bewirtschaftung. Dieser »Garten der Bauern« ist ein Mix aus Hecken, Wiesen, Weiden, Feldern und Höfen. Wie der Name schon verrät, fließt durch das Tal die Pielach. Sie zählt zu den reinsten und artenreichsten Voralpenflüssen und ist somit ein Paradies für Fischerinnen und Fischer.

Wenn die Dirndln anfangen zu blühen, ist das »Tal der Dirndln« nicht nur Magnet für Touristinnen und Touristen, sondern auch für Einheimische. Besonders im März und April stechen die Dirndlstauden in ihrer goldgelben Pracht ins Auge. Die gelben Blüten duften ein wenig nach Honig und verbreiten so Frühlingsgefühle in der ganzen Region.

Die Dirndln wachsen auf etwa sechs bis acht Meter hohen Stauden, ehe sie im Spätsommer bis Herbst zu leuchtend roten Früchten heranwachsen und geerntet werden können. Die Ernte erfolgt über Netze, die unter den Sträuchern ausgebreitet oder aufgespannt werden und die reifen Dirndln so auffangen. Fast täglich werden die Netze händisch »aufgeklaubt«, denn allzu viel Zeit darf man sich bei der Ernte nicht lassen. Wenn reife Dirndln in der Sonne liegen, verlieren sie an Geschmack und Farbe. Aus den süß-sauren Früchten werden allerlei Spezialitäten hergestellt: von Säften, Marmeladen über Edelbrände bis Schokolade, Torten und würzig eingelegten »Pielachtaler Oliven«. Die Dirndlfrüchte sind auch roh genießbar, allerdings müssen sie vollreif oder sogar fast überreif sein, damit sie ihre süße und weiche Konsistenz haben. Vor dem Verzehr sollte unbedingt darauf geachtet werden, dass sie von selbst oder schon bei leichter Berührung vom Strauch fallen.

Die Dirndl schmeckt nicht nur hervorragend, sie tut unserer Gesundheit auch gut. Bereits Hildegard von Bingen schrieb im 12. Jahrhundert über die Heilkraft der an Vitamin C reichen Dirndl. Die Früchte gelten als reinigend und heilend für Verdauungstrakt und Magen, helfen bei Bauch- und Magenbeschwerden, Nierensteinen, Gicht und sind ein natürlicher Cholesterinsenker.

Wandern mit Ausblick

Am besten bestaunt man die Paradefrucht des Pielachtals auf einem der vielen Wanderwege, die durch das Tal führen. Eine der schönsten und kulturell interessantesten Pilgerrouten im Mostviertel ist der Pielachtaler Pilgerweg. Der 90 Kilometer lange Weg führt in drei bis vier Tagesetappen von der Maria-Lourdes-Kirche in St. Pölten zur Basilika Mariazell. Wer lieber mit dem Rad unterwegs ist, kann die vielfältige Landschaft auf dem Pielachtalradweg erkunden. Und wer das Pielachtal lieber sitzend erleben möchte, der kann dies mit der Mariazellerbahn tun. Seit mehr als 100 Jahren schlängelt sich die Schmalspurbahn von St. Pölten quer durch das Alpenvorland zum Wallfahrtsort Mariazell. Neben der Dirndl ist auch die Mariazellerbahn ein Wahrzeichen des Pielachtals.

Beliebt sind auch der Dirndlweg in Tradigist, die Dirndlzeile und Dirndlrunde in Kirchberg, der Dirndltaler Rundweg oder die Dirndlmeile in Frankenfels: Überall kann die Dirndlfrucht in ihrer vollen Pracht bewundert werden. Zwischen Tradigist und Warth führt ein Weg am Tausenddirndlberg vorbei. Diese Südlage ist der optimale Standort für Dirndlsträucher, weil es in diesem Bereich ausreichend sonnig und warm ist. Denn im Winter

Die Dirndl gehört zum Mostviertel wie seine Hügellandschaft.

Der Dirndlkirtag in Rabenstein ehrt alle Dirndl(n): Mädchen, Kleidungsstück und Frucht des gelben Hartriegels.

zieht die kalte Luft rasch ab und der Tausenddirndlberg ist eine der mildesten Zonen im Tal – perfekt für die Pielachtaler Dirndln.

Tradition und Kultur im Pielachtal

Ein festlicher Höhepunkt im Jahr ist der zweitägige Dirndlkirtag Ende September bzw. Anfang Oktober. Tausende Besucherinnen und Besucher pilgern ins Pielachtal, um seine Vielfalt hautnah zu erleben: von Dirndlwanderungen, Bewerben wie Dirndlkernweitspucken, Dirndlmodeschauen über musikalische Highlights bis zu kulinarischen Köstlichkeiten. Alle zwei Jahre wird bei diesem Fest die neue Dirndlkönigin gekrönt. Die Dirndl-Botschafterin vertritt das »Tal der Dirndln« bei offiziellen Anlässen. Jede kann allerdings nicht zur Königin ernannt werden. Die Auserwählte muss im Pielachtal wohnen, einen Bezug zur Landwirtschaft haben, über die Dirndln des Tales und das Pielachtal gut informiert sein und natürlich redegewandt sein.

So finden Sie zum Schatz

Kontakt: Mostviertel Tourismus GmbH Töpperschloss Neubruck Neubruck 2/10 3270 Scheibbs Tel. 07482 20444 www.mostviertel.at www.pielachtal.mostviertel.at

Anreise: Öffentlich: Mit der Mariazellerbahn ab St. Pölten Hauptbahnhof direkt ins Pielachtal. Auto: A1 bis St. Pölten Süd, rechts B20 bis zur 1. Ampel, rechts auf die B39. Nach ca. 6 Kilometern rechts nach Ober-Grafendorf, weiter auf der B29 Richtung Mank und Wieselburg, nach dem Bahnhof Schwarzenbach links nach Schwarzenbach, dann nach Frankenfels. Aus Süden: B20 nach Mariazell und dann über den Wastl und Puchenstuben nach Frankenfels.

»Linz reimt sich natürlich auf Provinz. Aber wer durch Linz nicht nur durchfährt, sondern auch stehen bleibt und sich Zeit nimmt, entdeckt, wie wunderbar weltoffen und kosmopolitisch sich diese Stadt entwickelt hat. Meine Provinz hat alles, was ein gutes Leben ausmacht.«

Jutta Mocuba

»Des Bluat is dicker ois a jede Suppn«. In meinen Genen sind das Traun- und Mühlviertel und Enns zu finden. Kulinarik, Natur, Dialekte, Erinnerungen, Freunde und Familie. Oberösterreich ist für mich der schönste Ort, um heimzukommen.«

Viktor Gernot

EUROPAKREUZ AM FEUERKOGEL

Einigkeit am Berg

»Wenn Berge da sind, weiß ich, dass ich da hinaufgehen kann, um mir von oben eine neue Perspektive vom Leben zu holen.« Hubert von Goisern, von dem das Zitat stammt, wohnt zwar 25 Kilometer vom Feuerkogel entfernt, aber die Berge in der Gegend kennt er alle. Das Hochplateau des Feuerkogels besticht nicht nur mit einer grandiosen Aussicht, sondern auch mit einem Europakreuz.

Hollywood war beeindruckt

Besonders geschätzt wird der Feuerkogel nicht nur in der Gemeinde Ebensee für die grandiose Fernsicht: in Richtung Norden bis ins Mühlviertel und nach Tschechien, in den Süden hin bis zum Dachstein, Gosaukamm und Hohe Tauern. Der Blick von dort oben ist einzigartig und gratis – wie auch die glasklare Bergluft und reiche Fauna und Flora, in der glückliche Kühe mit ihren Kälbern friedlich grasen. Diese Idylle genießen nicht nur sportliche Zeitgenossinnen und Zeitgenossen nach einem Aufstieg zu Fuß oder nach einer kräftezehrenden Bergfahrt auf der Mountainbike-Strecke, sondern auch Familien und Pensionisten, die den Feuerkogel bequem mit der Seilbahn erreichen und das Plateau auf gut ausgebauten Wanderwegen erkunden. So wie schon die beiden Hollywood-Stars Richard Burton und Clint Eastwood im Jahr 1968 während der Dreharbeiten zum Film »Agenten sterben einsam«, in dem die Feuerkogel-Seilbahn eine Hauptrolle spielte.

Das Europakreuz

Das fünf Meter hohe Originalkreuz wurde anlässlich der Vorsitzführung Österreichs im

Rat der Europäischen Union im ersten Halbjahr 2006 von der Höheren technischen Bundeslehranstalt (HTL) Wels gefertigt und auf dem Feuerkogel errichtet.

Das Kreuz ist aus einzelnen Würfeln zusammengebaut. Jeder symbolisiert einen EU-Mitgliedsstaat und hat die gleiche Form und Größe. Hiermit wird auf die Gleichheit und Einheit der einzelnen Staaten in der Europäischen Union und auf die Bindungen der einzelnen Staaten zueinander hingewiesen. Jeder einzelne Würfel (Staat) muss stabil genug sein, um die Stabilität des gesamten Bauwerkes (Europa) mitzutragen.

An den Würfelflächen sind kreisrunde Löcher ausgeschnitten. Diese Öffnungen symbolisieren die Öffnung des jeweiligen Landes nach allen Seiten und ermöglichen den Zugang und den Einblick in das Innere. Jeder Würfel ist mit der Benennung des Staates, den er symbolisiert, in der landesspezifischen Schreibweise beschriftet. In das Würfelinnere ist ein Stein aus dem jeweiligen Land eingebaut, der auf die Eigenheiten des Landes hinweisen soll (25 bestückte Würfel zur Zeit der Errichtung im Jahr 2006).

Jeder Europäer soll die typischen Eigenheiten seines Landes, seine kulturelle Verwurzelung, seine Lebensgewohnheiten, seine Sprache bewahren und sich trotzdem in seiner »europäischen Heimat« frei bewegen und zu Hause fühlen.

Feuer und Flamme

Sonnwendfeuer faszinieren und machen ehrfürchtig. Zur Feier des längsten Tages im Jahr, am 21. Juni, werden im Alpenraum zahlreiche Feuer entzündet. Nach zweijähriger Pause gab es 2022 endlich wieder ein großes Sonnwendfeuer auf dem Feuerkogel-Hochplateau auf 1.600 Metern über dem Traunsee. Ein eindrucksvolles Schauspiel!

Das Entzünden eines mächtigen Feuers in den Nächten rund um die Sommersonnenwende bzw. den Johannistag gehört wohl zu den ältesten noch lebendigen Bräuchen. Warum man allerdings bereits in vorchristlicher Zeit auf die Idee kam, ausgerechnet die sowieso schon hellste Zeit des Jah-

Das Sonnwendfeuer am Feuerkogel ist einer der Höhepunkte im Jahr.

Vom Europakreuz genießt man einen Rundumblick auf die umliegende Bergwelt, den Traunsee und den vorderen Langbathsee.

res auch noch durch Flammen erstrahlen zu lassen, liegt paradoxerweise im Dunkeln. Doch beim Blick in die Glut kann man leicht verstehen, weshalb sich der Volksglaube entwickelte, dass das Johannisfeuer Dämonen, Krankheiten, Missernten und Hagel abwehren könnte. Der uralte Brauch soll auch Wachstum und Fruchtbarkeit auf Wiesen und Feldern »anfeuern«.

Ein Mekka für Paläontologen

Die Aufschlüsse am Feuerkogel gehören für Paläontologen zu den weltweit interessantesten. Die Fauna zeigt sich als sehr arten- und individuenreich. Von den weltweit mehr als 3.500 bekannten Ammonitenarten sind rund 600 am Feuerkogel vertreten. Ammoniten lebten vor 400 bis 65 Millionen Jahren und gehörten zu den Kopffüßern. Zeitgleich mit den Dinosauriern starben sie aus.

Durch Forschungen am Feuerkogel konnte ein wesentlicher Beitrag zur Rekonstruktion der Lebewesen tiefer Meeresbereiche in der Trias geleistet werden.

Um das Geotop vor den zahlreichen Hobbypaläontologen und deren unkontrolliertem Schatzsammeln zu schützen, ist es seit 1981 ein Naturdenkmal. Grabungen und Sprengungen sind somit verboten.

Ob zu Fuß oder mit der Seilbahn: Der 360-Grad-Blick vom Hausberg der Ebenseer lohnt sich für alle, die das Plateau erreichen. »Die Möglichkeit, neue Perspektiven für das Leben zu sammeln«, so wie Hubert von Goisern die Kraft der Berge beschrieb, ist von hier oben ganz einfach.

So finden Sie zum Schatz

Kontakt: Traunsee Touristik Feuerkogel-Seilbahn Rudolf-Ippisch-Platz 4 4802 Ebensee Tel. 050 140 https://feuerkogel.info
Anreise: Öffentlich: Mit der Bahn bis Haltestelle Ebensee Landungsplatz Bahnhof, Weiterfahrt mit dem Traunsee-Sammeltaxi zur Talstation der Feuerkogel-Seilbahn. Auto: A1 Abfahrt Regau, im Kreisverkehr zweite Ausfahrt (Salzkammergut Str./B145) nehmen, weiter auf B145.

BOTANISCHER GARTEN

Blühende Vielfalt mitten in der Stadt

Bunte Mohnblumen mitten in Paris, riesige Magnolien im Tessin oder Zitronen in London: Botanische Gärten sind meist mehr als nur eine Pflanzenschau. Es sind Orte der Überraschungen, der Ruhe und der Ästhetik. 400 botanische Gärten gibt es in Europa, eine der schönsten Anlagen findet sich in Linz.

Das Jahr 2022 steht ganz im Zeichen eines blühenden Jubiläums. Vor 70 Jahren hat der Botanische Garten seine ersten Wurzeln geschlagen. Es war der 5. Mai 1952, an dem er auf dem Bauernberg, der Linzer Gugl, eröffnet wurde. In diesen schwierigen Zeiten nach dem Zweiten Weltkrieg war es eine mutige, weitblickende Entscheidung der Stadt, einen Botanischen Garten für die Bevölkerung zu errichten. Mit 1,8 Hektar startete der Garten. 1965 wurde die geplante Anlage von Gartenarchitekt Rudolf Hirschmann Richtung Westen auf 4,2 Hektar erweitert. Heute zählt dieses blühende Paradies zu den herausragenden Gartenanlagen Österreichs und Europas. Die Qualität des Gar-

tens wird mit weit über 10.000 verschiedenen Pflanzenarten unterstrichen. Abgesehen davon wird der Garten von den Stadtbewohnerinnen und -bewohnern und von den Besucherinnen und Besuchern als Erholungsort geschätzt.

Blühende Vielfalt

In fünf Gewächshäusern entfalten vor allem exotische Pflanzen ihre Pracht. Führend in Europa ist der Garten mit seiner einzigartigen Schutzsammlung von Kakteen. Zum Markenzeichen des Gartens zählen auch die seltenen Wildarten und wunderschönen Züchtungen von Orchideen. Sonderschauen und Ausstellungen rund ums Jahr sorgen immer wieder für besondere

Der Botanische Garten in Linz zählt zu den schönsten Anlagen Europas.

Aktivitäten. Der Großteil des 4,2 Hektar großen Gartens ist im landschaftlichen Stil gestaltet. Das geschwungene Wegenetz bildet große und kleine Grüninseln. Und diese sind jeweils unterschiedlichen Themen gewidmet. So entsteht eine abwechslungsreiche Folge von waldähnlichen Quartieren, die von naturnah wirkenden Offenlandschaften abgelöst sind. Aber auch klassische Themengärten, die in keinem Botanischen Garten fehlen dürfen, wie Rosarium, Alpinum, Nutz- und Heilpflanzen sowie ein Bauerngarten runden das Themenrepertoire des Botanischen Gartens Linz ab. Die Besonderheit besteht darin, dass ganze Pflanzengruppen zu Landschaften zusammengestellt sind.

Erlebnis für alle Sinne

Im Botanischen Garten der Stadt Linz werden Natur und Kultur vereint. Skulpturen österreichischer Künstlerinnen und Künstler inmitten von Grünanlagen und ein abwechslungsreiches Vortrags-, Ausstellungs- und Veranstaltungsprogramm machen diese grüne Oase zum Ort der Begegnung zwischen Mensch und Kultur. Während der Sommermonate werden Konzerte und Lesungen auf der Open-Air-Bühne geboten. Bei Führungen und Exkursionen können Kinder beispielsweise lernen, dass Kakao auf Bäumen wächst oder wie Fledermäuse in der Nacht durch die Wälder schwirren. Ein Erlebnis für alle Sinne!

Ein Ort zum Heiraten und Erholen

Gerade in unserer schnelllebigen, hektischen Zeit wirkt ein Besuch in der großen Gartenanlage beglückend und entschleunigend. Und das nicht nur in den Hauptblütemonaten. Auch in der kalten Jahreszeit kann man sowohl in den Glashäusern als auch im Freigelände schon viele Blüten beobachten. Orchideen und Kamelien, Primeln und Zyklamen zeigen ihre Pracht drinnen, Winterjasmin, Duftschneeball, Erika, die Zaubernuss und die ersten Schneeglöckchen blühen dann sogar schon draußen. Mit der Kunstuni-

So finden Sie zum Schatz

Kontakt: Botanischer Garten Linz
Roseggerstraße 20
4020 Linz
Tel. 0732 7070
botanischergarten.linz.at
Anreise: Öffentlich: Ab Linz Hauptbahnhof mit dem Bus 27 Richtung Hafen bzw. ab Taubenmarkt Richtung Chemie bis Haltestelle Botanischer Garten.
Auto: Auf A1 bis A7 bis zum Tunnel Bindermichl, links Richtung Zentrum, beim Bahnhof links in die Ziegeleistraße, am Ende rechts abbiegen in Roseggerstraße, ca. 500 Meter zum Botanischen Garten.

versität Linz hat die Stadt auch eine Kooperation geschlossen. Romantiker können im Botanischen Garten heiraten.

Geschichte der botanischen Gärten

Die ersten eigentlichen Botanischen Gärten entstanden etwa in der Mitte des 16. Jahrhunderts in Italien, zuerst in Pisa, später in Padua. Sie dienten der Ausbildung von Ärzten und Apothekern und wurzelten direkt in den mittelalterlichen Kräutergärten der Klöster. Der Botanische Garten in Padua, der unter anderem von Johann Wolfgang von Goethe auf seiner italienischen Reise besucht wurde, ist der älteste noch existierende Garten. Sie sind innovative Errungenschaften der Renaissance und bildeten wichtige Grundlagen für die klassische, traditionelle Systematik, die sich in den nächsten Jahrhunderten schnell entwickelte. Besonders ab dem 18. Jahrhundert wurde die wissenschaftliche Abteilung zum Herzstück vieler Botanischer Gärten. Die meisten bedeutenden Botaniker des 18., 19. und auch 20. Jahrhunderts wirkten im Umfeld der Botanischen Gärten.

BURG ALTPERNSTEIN

Zeuge mittelalterlicher Baukunst in Oberösterreich

Burgen dominieren seit mehr als einem halben Jahrtausend die Landschaften Europas. Die Burg Altpernstein im Kremstal fasziniert aufgrund ihrer gut erhaltenen Details. Das mittelalterliche Flair wird dort mit jedem Schritt spürbar. Die rund 1000-jährige Burg Altpernstein wurde nach ihrer Renovierung im Mai 2020 als Burghotel eröffnet.

Die Burg im Wandel der Zeit

Von den Burgen aus wurde im Mittelalter die nähere oder weitere Umgebung verwaltet. Die Besitzer der Burg hatten Macht über das umliegende Land und dessen Bevölkerung. Burgen boten den Menschen aber auch Schutz im Falle von Kriegen oder Überfällen. Auf Burgen lebten oft die so genannten Ministerialen; das waren halbfreie Dienstleute, die als berittene Kämpfer oder Beamte immer wichtigere Aufgaben übernahmen. Häufig erhielten sie von ihrem Grundherrn auch Land übertragen. So konnten sie selbst zum niederen Adel und (ab dem 12. Jahrhundert) zu Rittern aufsteigen.

Die Burg Altpernstein hat schon eine wirklich lange Geschichte: Sie existiert seit 1000 Jahren. Idyllisch liegt sie mitten im Wald auf einer Höhe von 900 Metern mit einer wunderbaren Aussicht auf das Kremstal und die umliegende Bergwelt. 2019 wurde sie renoviert – ihren mittelalterlichen Charme hat sie dadurch aber nicht verloren.

1629 erwarb das Benediktinerstift Kremsmünster die Burg und verpachtete sie 1948 an die Diözese Linz. Seit dieser Zeit wird sie als Impuls- und Bildungszentrum für die Katholische Jugend genutzt.

Die Burg ist im Wesentlichen so erhalten, wie sie damals gebaut bzw. umgebaut oder

erweitert wurde. Der hohe, schlanke Westgiebel und die abwechslungsreiche Ostseite weisen auf den gotischen Ursprung hin, und der älteste Teil
auf der Westseite lässt noch die Reste des Bergfrieds erkennen. Die rund
1000-jährige Burg Altpernstein wurde frisch renoviert und im Mai 2020 als
Burghotel eröffnet.

Gut erhaltene Details

Man betritt die Burg heute über eine Steinbrücke. Einst war es eine Zug-
brücke. Die Torflügel, früher das Innentor, sind mit alten Harnischen (1638)
beschlagen. Im schmalen, hohen Innenhof aus der Zeit der Frührenaissance
sind Sgraffitos (Wandmalereifenster) und ein reizvoller Marmorbrunnen
(1607) mit dem Denkmal des letzten Jörgers (Karl) zu sehen. Der Ritter-
saal mit seiner ca. 200 Jahre alten Holzdecke und die Burgkapelle (1340)
mit der spätgotischen Marienstatue aus dem 15. Jahrhundert und reicher
Stuckverzierung aus der Zeit um 1625, waren reine Zweckbauten. Daher
findet sich in ihnen meist nicht viel künstlerischer Dekor. Dies war auch
am Anfang bei Pernstein der Fall. Als dieses jedoch wohnlicher gestaltet
wurde, schuf ein Steinmetzmeister aus Spital am Pyhrn 1607 den hübschen
rotmarmornen Wandbrunnen. All diese schönen Details finden heute noch
bei den Besucherinnen und Besuchern große Bewunderung.

Mittelalterliche Apotheke

Im Mittelalter war es für die Bewohnerinnen und Bewohner einer Burg ent-
scheidend, in Ausnahmesituationen möglichst unabhängig zu sein. Bei
Krankheiten, Verletzungen und anderen Notfällen war man damals noch
fast völlig auf die Heilkraft verschiedener Pflanzen angewiesen. So gibt es
in unserer unmittelbaren Umgebung noch Pflanzen, deren Vorfahren einst
in den Burgen, Schlössern und Klöstern kultiviert wurden. Man findet sie
noch immer, diese lebendigen Spuren der Vergangenheit, sobald der Blick
dafür etwas geschärft ist. Holunder und Feuerlilien beispielsweise wachsen hier noch reichlich. Beide sind bestens geeignet als Mittel gegen Husten

Nicht alle nehmen das Fastenprogramm des Hotels in Anspruch.

Vom Hirschwaldstein aus starten Paragleiter ihren lautlosen Flug über das Kremstal.

und Schnupfen. In reinem Alkohol konserviert, wurden sie auch als eine Art Schnellverband bei Verletzungen benutzt.

Ausgezeichnet: Die Wiesen von Altpernstein

Die 2,5 Hektar umfassenden Halbtrockenrasen sind Lebensraum für unzählige Pflanzenarten, wie beispielsweise seltene Orchideenarten, Akelei, Trollblume, Türkenbund oder Feuerlilie. Sie werden seit über 30 Jahren von Franz Xaver Wimmer, einem langjährigen ehrenamtlichen Mitarbeiter der Burg, und seinem Team gepflegt. Gemäht wird erst nach der Blüte, teilweise erst im Spätsommer: Dadurch können sich auch die Schmetterlinge »entfalten«. Würden diese Wiesen nicht gepflegt, verwaldeten sie binnen weniger Jahre, wird gedüngt oder zu früh abgemäht, ist's vorbei mit der Artenvielfalt. Erfreulich ist vor allem, dass dadurch wieder alte Pflanzenarten da sind, die rund 100 Jahre ausgestorben waren.

So finden Sie zum Schatz

Kontakt: Burg Altpernstein
Altpernstein 1
4563 Micheldorf
Tel. 0732 60160070
www.burgaltpernstein.at
Anreise: Öffentlich: Mit dem ÖBB REX bis Bahnhof Micheldorf, von dort weiter zu Fuß ca. 800 Meter (Bahnhofstraße, Kaltenprunnerstraße, Welserstraße).
Auto: A9, Ausfahrt Nr. 16 »Inzersdorf-Kirchdorf« – B138 bis Micheldorf, dann die Bundesstraße verlassen – Auffahrt über die »Burgstraße« zur Burg.

»Salzburg ist für mich das Paradies, die Natur zeigt sich mit ihren Bergen und Seen von ihrer wunderbarsten Seite. Hier leben zu dürfen, ist ein Geschenk.«

Alexandra Meissnitzer

»Oh ja, das Gute liegt so nah! Und auf Salzburg trifft das ganz besonders zu. Bei uns gibt es so viele schöne Plätze, dass man genug zu tun hat, um alle zu sehen.«

Viola Wörter

LIECHTENSTEINKLAMM

Licht und Schatten – Natur und Technik

Eine der tiefsten und längsten Klammen des Landes touristisch zu nutzen – auf diese Idee kamen findige Menschen aus St. Johann schon im 19. Jahrhundert und baten den Fürsten von Liechtenstein um Geld für dieses Unterfangen. Mehr als hundert Jahre später musste erneut viel Geld investiert werden – die Kunst der Technik hält das Naturjuwel für Besucherinnen und Besucher offen.

Wir beginnen im 19. Jahrhundert und schreiben das Jahr 1875: Beim Pongauer Alpenverein will man sich nicht mehr damit zufrieden geben, dass die Klamm nur für einige wenige kletterbegeisterte Menschen zu entdecken ist. Sie soll für alle begehbar gemacht werden. Das Wasser der Großarler Ache hat ganze Arbeit geleistet und die Felsen ausgeschliffen, wodurch die Liechtensteinklamm über Jahrtausende geformt wurde und ein imposantes Naturjuwel entstanden ist. Doch jetzt ist Menschenarbeit gefragt, damit das Kunstwerk der Natur auch für andere zugänglich wird. Allerdings geht schon bald das Geld aus, das in der Region für den Ausbau der Klamm gespendet wurde.

Dank gilt dem Fürsten von Liechtenstein

Die Mitglieder des Alpenvereins begeben sich also ins nahe Großarltal. Dort besitzt zur damaligen Zeit Fürst Johann II. von Liechtenstein eine Jagd. Das Vorhaben der Pongauer überzeugt ihn. Er spendet für den Ausbau zunächst 600 Gulden und dann weitere 300 Gulden. Zum Dank wird die Schlucht Liechtensteinklamm genannt. 1876 starten die ersten Besichtigungen.

Seit damals sind die Besucherinnen und Besucher begeistert von der mystischen Welt, die es hier zu entdecken gibt. Das Wasserfallrauschen hört man schon lange, bevor man das Wasser vom Berg herabstürzen sieht. Von den Felswänden hallt das laute Tosen wider. Man befindet sich auf einem Spaziergang durch eine Sagenlandschaft: Mit Moos bewachsene Steine, Wassertröpfchen, die den Felsen einen feuchten Schimmer verleihen, und wenn es dann ein Sonnenstrahl bis in die Schlucht schafft, geht ein Regenbogen über der Großarler Ache auf.

Schattenplatz an Hitzetagen

Eineinhalb Stunden ist man in der schattigen Klamm unterwegs – gerade an heißen Sommertagen ein besonderes Vergnügen. Und in der kühlen Luft zwischen den Felsen lassen sich die 440 Stufen und 100 Höhenmeter mit Leichtigkeit überwinden. Bis zu 300 Meter tief und vier Kilometer lang ist die Liechtensteinklamm – auf einem Kilometer davon ist der Zugang für Besucherinnen und Besucher auf Stegen aus Holz und Stahl möglich. An manchen Stellen sind die steilen Felswände nur wenige Meter voneinander entfernt.

Gewaltiger Felssturz

Der Sage nach soll die finstere Klamm etwas mit dem Teufel zu tun haben: Er hätte auf dem schnellsten Weg Wasser nach Großarl bringen sollen. Weil ihm das aber nicht gelungen sei, soll er voller Wut und Zorn die Schlucht überflogen und das Wasser in sie hineingeschleudert haben.

Ob der Teufel seine Finger im Spiel hatte, als Ende Mai 2017 tonnenschwere Felsbrocken in die Klamm gestürzt sind? Jedenfalls waren auch Schutzengel am Werk, denn es gab trotz der gewaltigen Felsmassen glücklicherweise nur Leichtverletzte. Vier Urlauber wurden von Steinen getroffen. Sie konnten sich noch selbst in Sicherheit bringen und wurden im Krankenhaus versorgt. 17 Menschen und ein Hund blieben zwar unverletzt, wurden aber in der Klamm eingeschlossen, weil 300 Tonnen Geröll den Ausgang

Nach einer umfangreichen Sanierung können sich Besucherinnen und Besucher wieder an den tiefen Blicken begeistern.

versperrten. Mit Hilfe der Bergrettung wurden sie über einen Klettersteig in Sicherheit gebracht.

Danach war die Klamm geschlossen – es bestand Lebensgefahr – und es war nicht klar, ob man sie jemals wieder öffnen könnte. Doch die Stadtgemeinde St. Johann zögerte nicht lange: St. Johann ohne die Liechtensteinklamm, das gibt es nicht! Eine umfangreiche Sanierung und Absicherung der Klamm wurde in die Wege geleitet. Die Arbeiten waren äußerst aufwändig und kostspielig. Erst drei Jahre später konnte die Besucherattraktion wieder geöffnet werden.

Imposante Architektur

Helix heißt der neue Mittelpunkt der Liechtensteinklamm. Wie eine Skulptur steht die spiralförmige Treppe zwischen den Felsen. Die spektakuläre Stahltreppe bietet einen völlig neuen Ausblick in die Klamm. Das technische Meisterwerk sorgt dafür, dass das Kunstwerk der Natur für die Öffentlichkeit sichtbar bleibt und hat außerdem einen österreichischen Stahlbaupreis eingeheimst. Dazu wurden drei neue Tunnel, vier neue Galerien und 60 Steinschlagnetze errichtet. Außerdem wurden Messgeräte in den Felsen eingebaut, die jede noch so kleine Bewegung erkennen und bei Gefahr Alarm schlagen.

Kunstfertigkeit von Menschenhand und Natur in eindrucksvoller Symbiose – diese Kombination macht aus der Liechtensteinklamm einen Kraftort, an dem die ganze Familie auftanken kann.

So finden Sie zum Schatz

Kontakt:
Liechtensteinklamm
Liechtensteinklamm-
straße 123
5600 St. Johann im
Pongau
Tel. 06412 6036
liechtensteinklamm.at
Anreise: Öffentlich: Ab
Bahnhof St. Johann mit
der Buslinie 51 bis zur
Liechtensteinklamm.
Auto: A10, Abfahrt
Knoten Pongau, auf der
B311 über Bischofshofen
nach St. Johann bis
Ausfahrt Knoten Süd.
Auf der Großarler
Landesstraße in Richtung
Alpendorf und Großarl,
nach 700 Metern links
abbiegen und gleich die
nächste Abzweigung
rechts in die Liechten-
steinklammstraße. Von
hier sind es noch drei
Kilometer bis zu den
Besucherparkplätzen.

EGELSEE IN ABTENAU

Ein kleines Juwel im Salzburger Tennengau

Einst gab es Überlegungen, den zauberhaften See touristisch zu nutzen. Doch die Verantwortlichen in Abtenau haben sich anders entschieden, und so wurde dieses idyllische Plätzchen unter Schutz gestellt. Auch das Moorbad, das vor etlichen Jahrzehnten hier zu finden war, ist inzwischen Geschichte. Nun findet man Ruhe und Entspannung an diesem verträumten Ort.

Eine wichtige Voraussetzung für einen entspannten Ausflug zum Abtenauer Egelsee ist, dass man sich diesem Naturjuwel in der beschaulichsten und langsamsten Art der Fortbewegung nähert – nämlich zu Fuß. Wer nicht ohnehin schon klimafreundlich mit Bahn und Bus angereist ist, der lässt sein Auto auf einem der Besucherparkplätze in Abtenau stehen. Von dort erreicht man den See ganz bequem in einer halben Stunde und lässt sich von diesem verwunschenen Bild verzaubern. Je nach Wetter und Jahreszeit steigt Nebel aus dem Schilf auf, ist der See mit einer Eisschicht überzogen oder glitzert die Wasseroberfläche in der Sonne.

Er lädt zum Verweilen und zum Kraftschöpfen ein – zum Baden oder Bootfahren allerdings schon seit mehr als 50 Jahren nicht mehr. Damals hat man sich entschlossen, den See und die Flächen rundherum genau so zu lassen, wie sie sind: naturbelassen. Seit 1971 ist dieses Kleinod ein ausgewiesenes Landschaftsschutzgebiet. Das Interesse an einer touristischen Nutzung wäre selbstverständlich da gewesen, aber zu welchem Preis? Und so hat die Gemeinde eine klare Entscheidung getroffen und den Bereich rund um den Egelsee in ein Naturschutzgebiet umgewandelt. Bauen und baden ist deshalb hier verboten. Keine touris-

Im Dunkel des naturbelassenen Egelsees spiegelt sich das steil aufragende Tennengebirge.

In idyllischer Abgeschiedenheit
lässt sich wirklich Kraft tanken.

tischen Bauprojekte stören die Idylle. Natur pur zur Freude aller, die hier spazieren gehen.

Abwechslungsreiche Familienwanderung

Es ist ein abwechslungsreicher Rundwanderweg mit grandioser Aussicht auf das Bergpanorama ringsum. Ab und zu spiegelt sich das beeindruckende Tennengebirge im Wasser. Der Egelsee selbst liegt in einer sanft hügeligen Landschaft, umgeben von einem breiten Schilfgürtel – nahezu unberührte Natur. Eineinhalb bis zwei Stunden sollte man für den Weg einplanen. Allerlei Wissenswertes können Groß und Klein während der Wanderung erfahren und sehen. Der Naturlehrpfad ist fünf Kilometer lang und einfach zu begehen, also auf jeden Fall familientauglich. Am Wegesrand informieren Schautafeln über die Tier- und Pflanzenwelt sowie über die Geschichte des Sees.

Vom Moorbad zum Heilwasser

Am Beginn des 20. Jahrhunderts gab es sogar eine Schifffahrt auf dem Egelsee. Einmal im Jahr wurde ein Fest für die Knechte und Mägde der Gegend ausgerichtet. Dabei war die Bootsfahrt am Egelsee einer der Höhepunkte. In der Zwischenkriegszeit begann man, das Moor zu nutzen und heilende Bäder für Einheimische und Gäste anzubieten. Zu diesem Zweck wurde am Seeufer eine Badehütte gebaut. Das Moor wurde direkt aus dem See in die Badehütte gepumpt, erhitzt und auf die Anwendungskabinen verteilt. Beinahe hätte Abtenau den Namen Bad Abtenau bekommen. Im März 1963 erkannte man das Moorvorkommen offiziell als Heilmittel an. Die dementsprechende Meldung wurde im Landesgesetzblatt abgedruckt.

Aber nicht nur für das Moor war Abtenau bekannt. Schon im Jahr 1871 wurden zwei Quellen, die fünf Kilometer vom Ortszentrum entfernt entspringen, als Heilwasserquellen genutzt. Es handelt sich um Natrium-, Calcium-, Chlorid- und Sulfat-Mineralquellen. 1997 kaufte die Marktgemeinde Abtenau die Annenquelle und die Sankt Rupertusquelle. Seit 2021 gibt es

**So finden Sie
zum Schatz**

Kontakt:
Gemeindeamt Abtenau
www.abtenau.at
Tourismusverband Abtenau
Markt 165
5441 Abtenau
Tel. 06243 4040
www.abtenau-info.at

Anreise: Öffentlich: Mit der
Bahn bis Golling, weiter
mit der Buslinie 470 bis
Abtenau Ortsmitte. Von
dort dem beschilderten
Rundwanderweg folgen.
Auto: A10 von Norden
Abfahrt Golling-Abtenau
bzw. von Süden Abfahrt
Lammertal-Hüttau nehmen.
Weiter auf der Lammertal
Bundesstraße nach
Abtenau. Parkplätze im
Ortszentrum.

eine Leitung bis ins Ortszentrum. Dort sprudelt das Heilwasser nun aus
einem Brunnen vor dem Gemeindeamt. Der Geschmack ist gewöhnungsbe-
dürftig, aber dem salzig-herben Wasser wird verjüngende Wirkung nach-
gesagt.

Unterwegs auf dem Lebenspfad

Egal, ob man am Beginn oder am Ende der Egelsee-Wanderung aus dem
Jungbrunnen trinkt, die Runde trägt zum Wohlbefinden bei. Lebenspfad
wird der Wanderweg genannt, und besser könnte man das Erlebnis nicht
beschreiben. Von Vogelgezwitscher umgeben, stimmen auch die Frösche
in das Naturkonzert mit ein. Wenn plötzlich der Froschkönig aus dem
märchenhaften See auftauchte, würde es einen auch nicht wundern. Doch
er quakt lieber lauthals und bleibt unsichtbar. Dafür präsentieren sich die
künftigen Froschprinzen fröhlich zappelnd im Kaulquappenkostüm. Es ist
das pralle Leben auf dem Lebenspfad rund um den Egelsee in Abtenau.

WEITWÖRTHER AU

Ein barrierefreier Direktzugang zur Natur

Vom Schotterteich zum Naturparadies – klingt, als wäre es zu gut, um wahr zu sein, ist aber im Salzburger Flachgau tatsächlich Realität. Mit Hilfe des EU-Förderprogrammes »LIFE« für Naturschutzprojekte von europäischer Bedeutung wurde das Projekt umgesetzt. Jetzt ist die Weitwörther Au in der Nähe der Landeshauptstadt Salzburg Vorbild für andere europäische Auwaldgebiete.

Es ist ein besonderes Renaturierungsprojekt, das im nördlichsten Bezirk des Bundeslandes Salzburg direkt an der Grenze zu Bayern in den vergangenen Jahren umgesetzt wurde. Interessierten Naturbeobachterinnen und Naturbeobachtern wird eine einzigartige Möglichkeit geboten, ganz nah an der Natur dran zu sein, auch mit dem Rollstuhl und dem Kinderwagen. Außerdem – und das ist der wesentliche Punkt – wurde ein Beitrag zur Erhaltung der Artenvielfalt geleistet.

Denn eine intakte Auenlandschaft zu finden, ist heutzutage gar nicht mehr so einfach. Und wenn, dann kann man sie kaum betreten,

ohne brütende Vögel aufzuschrecken oder das sensible Gefüge im Naturgebiet zu stören. In der Weitwörther Au ist beides möglich: die Au unmittelbar zu erleben und den Tieren ihre Ruhe zu lassen. Durch den Bau von Stegen und Plattformen ist das gelungen – noch dazu barrierefrei. So haben die Besucherinnen und Besucher einen speziell angelegten Weg mitten hinein ins Zentrum der Natur, und trotzdem bleiben die Tiere ungestört. Möglich wurde dies durch eine behutsame Wegeführung und durch Sichtschutzwände, die die Besucherinnen und Besucher für die Tiere unsichtbar machen.

Respekt vor der Natur

Umso wichtiger ist es allerdings, dass sich die Gäste im Gebiet auch genau so verhalten, nämlich als Gäste. Den Respekt vor der Natur kann man hier ausdrücken, indem man sich an die Regeln hält, auf den vorgesehenen Wegen bleibt, keinen Müll hinterlässt und die Tiere nicht gefährdet. Dazu gehört auch, dass Hunde, die mit den Menschen durch das Augebiet spazieren, unbedingt an der Leine bleiben müssen.

Eisvogel und Biber

Dann steht einem einzigartigen Naturerlebnis nichts mehr im Wege, und man darf gespannt sein, welche Tiere man trifft: Vom Eisvogel bis zum Biber gibt es hier Tierarten, die man nicht überall zu sehen bekommt. Wer ein bisschen Zeit und Geduld mitbringt, der kann durchaus das Glück haben, den Eisvogel vorbeifliegen zu sehen. Im ehemaligen Schotterteich wurde eine kleine Halbinsel mit einer Vogelbeobachtungshütte geschaffen. So können die Besucherinnen und Besucher durch spezielle Luken im Holzverschlag direkt zum Brutplatz des Eisvogels hinüberschauen. Dass diese seltene Vogelart hier überhaupt brütet, ist eine Sensation. Das hätte man sich niemals träumen lassen, als der Ausee noch ein Schotterteich war. Und wenn auch noch der Biber vorbeischwimmt, ist der Tag perfekt.

Auenwerkstatt – Lernen in der Praxis

Aber es geht noch weiter: Wer mehr erfahren möchte über das vielfältige Leben in der Au, der ist in der Auenwerkstatt bestens aufgehoben. Der energieautarke Holzbau ist eine Naturuniversität mittendrin im Augebiet. Erlebnisausflüge für die ganze Familie sowie Schul- und Ferienworkshops werden hier angeboten. Kinder und auch Erwachsene können erste Einblicke in die Welt des Mikroskopierens wagen oder bei Exkursionen durch den Auwald erfahren, was sich hier zu den verschiedenen Jahreszeiten tut. Und so geht man auf jeden Fall mit neuen Informationen nach Hause. Oder hätten Sie gewusst, dass die Schneidezähne des Bibers zwar keine Wurzeln

Der zwei Kilometer lange, barrierefreie Auenerlebnisweg durch die Weitwörther Au ist Teil des mehr als dreimal so langen Wegenetzes durch die Salzachauen.

Auf der Halbinsel macht ein geschützter Unterstand das lautlose Beobachten der Vogelwelt möglich.

haben, dafür aber ständig nachwachsen? Und sein Fell ist eines der dichtesten im Tierreich. Auf jedem Quadratzentimeter seines Bauchs hat der Biber bis zu 23.000 Haare.

14.000 Aubäume gepflanzt

Apropos eindrucksvolle Zahlen: 14.000 Aubäume wurden in der neu gestalteten Weitwörther Au gepflanzt. Es sind Laubbäume gefragt, wie die Grauerle, die Schwarzpappel oder die Silberweide. Die steilen Ufer des alten Schotterteichs wurden abgetragen, so wachsen Schilf und andere Wasserpflanzen an dem nun flachen Ufer des neuen Ausees – ideale Verstecke und Brutplätze für viele Tiere. Sieben Hektar der Au wurden tiefergelegt, damit diese Flächen ein paar Mal im Jahr überschwemmt werden. Das ist notwendig, denn nur so können sich die für die Au typischen Pflanzen und Tiere wieder ansiedeln.

Kann also der Mensch Natur künstlich erzeugen? Er kann – wenn er sich daran orientiert, was Tiere und Pflanzen brauchen, um gut leben zu können. Es steckt viel Arbeit in so einem Projekt, doch am Schluss macht es allen Beteiligten große Freude, wenn das Zusammenspiel von Natur und Mensch funktioniert. In der Weitwörther Au ist das gelungen.

So finden Sie zum Schatz

Kontakt: Weitwörther Au
www.salzachauen.at
Auenwerkstatt
Anmeldung erforderlich
umweltbildung@
hausdernatur.at
Anreise: Öffentlich: S1 ab
Salzburg Hauptbahnhof bis
Weitwörth-Nußdorf. Von
dort führt ein beschilderter
Fußweg in etwa zehn
Minuten direkt in die Au.
Fahrrad: Über den Tauern-
radweg. Der Zugang ins
Augebiet ist bei Weitwörth
ausgeschildert. Große Teile
der Weitwörther Au sind
für Radfahrer gesperrt.
Am Beginn des Auen-
erlebniswegs gibt es einen
Fahrradparkplatz.
Auto: B156 Ausfahrt
Richtung Michaelbeuern/
Nußdorf am Haunsberg,
der Beschilderung
»Weitwörther Au« zum
Besucherparkplatz folgen.

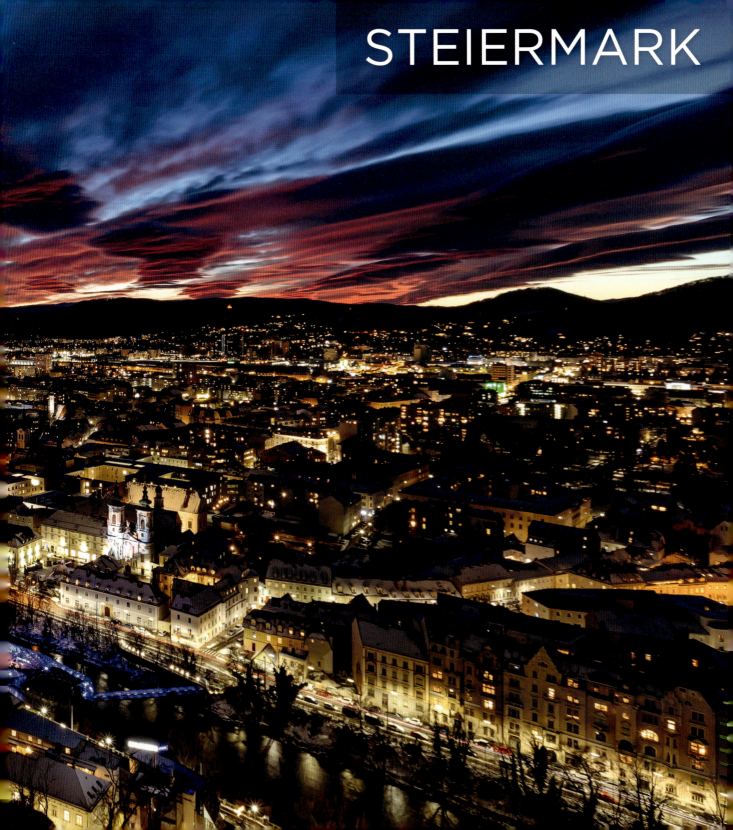

STEIERMARK

»Die Landschaft und die Lebensfreude der Menschen in der Steiermark: das ist für mich Österreich vom Feinsten.«

Hans Krauß

»Hohe Berge, klare Seen. Moderne Städte, verträumte Orte. Und viele – oft noch verborgene – Schätze. Urlaubsland und Land zum Leben: Das ist unsere Steiermark.«

Franz Neger

GÜNSTER WASSERFALL

Der höchste Wasserfall der Steiermark

Kristallklares Wasser fällt vom Himmel – und doch ist es kein Regen, sondern ein mächtiger Wasserfall, der zwischen Schöder und Krakau im Bezirk Murau Eindruck schindet: Aus einer Fallhöhe von 65 Metern rauscht das Wasser an den Bewundernden vorbei. Zeit, sich von der einzigartigen Magie des Günster Wasserfalls verzaubern zu lassen.

Schritt für Schritt ein neuer Blick, ein neuer Eindruck, ein neuer Moment, der sich mit nach Hause nehmen lässt. Und immer wieder Revue passieren lässt, wenn das tosende Rauschen längst nicht mehr hörbar, das in der Sonne funkelnde Wasser längst nicht mehr sichtbar ist. Dort, wo die beiden Gemeinden Krakau und Schöder zusammentreffen, trifft weiches Wasser auf schroffe Felsen und gewaltige Natur auf beeindruckte Gäste. Jeder Schritt hier sollte genossen werden. Zugegeben: Es sind durchaus einige Schritte notwendig, um dem höchsten Punkt des eindrucksvollen Wasserfalls näher-

zukommen – und sie sind oft alles andere als einfach. Aber sie sind es wert.

Eine Tafel begrüßt zum Abenteuer

»Freudig tosend stürz ich zu Tal. Und grüße Euch alle viel tausendmal« – dieses Zitat aus Joseph von Hammer-Purgstalls Ode an die Steiermark ist als Inschrift auf einer Marmortafel am Aufgang zum Wasserfall zu finden. Sie wurde einst angebracht, um den Bau neuer Stiegen rund um die Naturgewalt zu feiern. Bereits vor mehr als 116 Jahren wurden die ersten kleinen Hilfen aufgestellt, um Wandernde in der Welt des Wasserfalls willkommen zu heißen. Am 12. August 1906 wurde der Weg zum Günster Wasserfall offiziell eröffnet.

Der Weg ist hier das Ziel und ein Abenteuer, bei dem sich besonders trittsicheres Schuhwerk bewährt. Denn bergauf – und später bergab – geht es sprichwörtlich über Stock und Stein, wassernasse hohe Stufen und gewaltige Wurzeln. Beeindruckend ist der Gang über die Brücken, bei dem man dem Wasserfall besonders nahe kommen kann: Mal wandelt man über dem tosenden Wasser, mal fließt es direkt an einem vorbei. Kühle Wassertropfen umschwirren die Entdeckungsfreudigen; die Atmosphäre ist mystisch. Überall gibt es etwas zu entdecken – etwa die Markushöhe, die jene, die gern für ein paar kurze Augenblicke vom Weg abkommen wollen, zu einem kleinen Abenteuer entführt.

Ein ungezähmtes Naturdenkmal

Mit einer Fallhöhe von 65 Metern gilt der Günster Wasserfall, auch bekannt und oft erwähnt als Günstner Wasserfall, als höchster Wasserfall der Steiermark. Gewaltige 250 bis 300 Liter Wasser rauschen pro Sekunde in die Tiefe. Immer wieder wird es dabei von Felsvorsprüngen aufgefangen – doch lange lässt es sich nicht aufhalten.

So mächtig, wild und ungezähmt der Wasserfall, der seinen Ursprung im Schöderbach findet, heute wirkt, so gefährdet war er einst, als er einem Kraftwerk hätte weichen sollen. Schließlich wurde er zum Naturdenkmal erklärt und somit vor Eingriffen geschützt. Doch um den Schatz zu erhalten, sind Jahr für Jahr umfangreiche Sanierungsarbeiten nötig: Bäume, die bei Unwettern umgerissen oder beschädigt worden sind, verlangen nach Hubschraubereinsätzen und Holzstufen nach regelmäßigem Austausch.

Tiere zum Streicheln, Deko zum Verlieben

Wer die schäumende Pracht des Wassers entdecken will, startet seine Tour am besten am Fuße des Wasserfalls: Familie Wedam, die hier seit Gene-

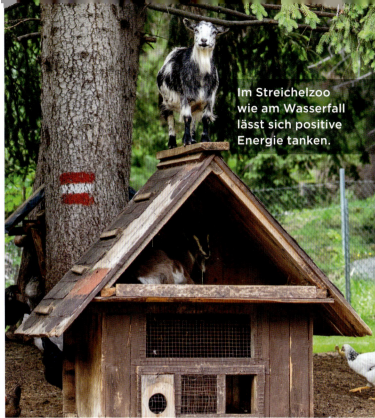

Im Streichelzoo wie am Wasserfall lässt sich positive Energie tanken.

Der Günster Wasserfall
gehört zu den schönsten
Logenplätzen in den
Niederen Tauern.

rationen lebt, betreibt dort ihre kleine Wasserfallschenke: Zu Säften oder Kaffee bietet Wirt Ronald Wedam zum Beispiel hausgemachten Marillen- oder Waldbeerkuchen an. Seine Frau Irmi beweist als Künstlerin mit vielen kleinen, liebevoll aufgehübschten Stücken ihr Händchen für nostalgische Deko im Shabby Chic. Mittendrin setzt sich ein majestätischer weißer Pfau in Szene, schlägt Räder und präsentiert sich von seiner elegantesten Seite. Ziegen, Hühner und Hasen locken in den kleinen Streichelzoo. Längst nicht nur die Kinder sind begeistert.

Wer sich von dem kleinen Paradies losreißen kann, landet direkt im nächsten: am Aufgang zum Wasserfall, der bereits ruhig an seinen Gästen vorbeifließt – kühl, erfrischend und noch leise plätschernd. Je weiter man kommt, desto lauter wird das Rauschen der Wassermassen, schon bald sind die Brücken zu sehen. Sportliche würden zum Erwandern des Günster Wasserfalls keine halbe Stunde brauchen. Doch die Magie des Wassers lässt die Zeit stillstehen – viel länger, als man es vermuten würde.

So finden Sie zum Schatz

Kontakt: Tourismus- verband Murau
Tel. 0353 22720
Ronald Wedam, Inhaber der Wasserfallschenke
Krakaudorf 7
8854 Krakau
Tel. 0664 5494971
www.steiermark.com/de/ Murau/
Je nach Witterung bis Anfang Oktober geöffnet.

Anreise: Öffentlich: Mit der Bahn bis Murau, weiter mit dem Rad oder Taxi. Auto: Von Krakau Richtung Schöder; Stopp beim großen Parkplatz. Von dort geht man zu Fuß ca. zehn Minuten bis zur Wasserfallschenke. Hier gibt es einen weiteren kleinen Parkplatz, den man direkt über das Ortszentrum von Schöder und die Günster Straße erreicht.

FRIEDENSKIRCHERL AM STODERZINKEN

Eine Kapelle zwischen Berg und Himmel

Es hat Dichter berührt, Gläubigen Trost gespendet und Wandernden himmlische Erinnerungen beschert: das Friedenskircherl am Stoderzinken. Auf einer Seehöhe von 1.898 Metern wurde die Kapelle vor 120 Jahren im Gemeindegebiet von Aich im Bezirk Liezen erbaut – mit dem Ziel, Menschen zusammenzubringen. Ganz egal, wer sie sind oder woran sie glauben.

Das Läuten der Glocke hört man schon von Weitem. Es richtet sich nach keiner Uhr, sondern nur nach denjenigen, die ihren Aufstieg zum Friedenskircherl mit dem feinen Klang feiern wollen. »Das Glöcklein vom Turm umhüllt, vielleicht auch dir den Wunsch erfüllt«, verrät eine kleine Tafel an einem Ort, an dem sich viele gar wunschlos glücklich wähnen: »Was soll ich schreiben in diesen Bergen voll Sonnenschein, ich kann nur in Andacht schweigen und selig sein«, notierte bereits Peter Rosegger. Denn egal, an wen oder was man glaubt, egal worauf man hofft: Hier sind alle gleich, jeder Weg hat zu diesem einen Platz geführt – um die

Aussicht zu genießen, sich mit anderen an den überdachten Tisch neben dem Kircherl zu setzen oder einen neugierigen Blick in dessen nur von außen zu bestaunendes Inneres zu werfen.

Wenn der Weg zum Ziel wird

Gestaunt wird bereits auf der Stoderzinken-Alpenstraße: Aussichtspunkte auf Gröbming und die umliegende Berglandschaft verführen zum Stehenbleiben, inspirieren zum Innehalten. E-Bikes und Fahrräder, Motorräder und Autos werden abgestellt, die Füße halten still, und die Augen sind am Zug: Die Hohen Tauern, Niederen Tauern, das Gesäuse, das

Die Liebe zu den Bergen und einen Aufruf zur Zusammengehörigkeit versinnbildlicht das Kircherl.

Das Glöcklein,
vom Turm umhüllt,
vielleicht auch dir
den Wunsch erfüllt,
zum Läuten sei sie dir
geweiht,
darum sei zum
Spenden auch bereit.

Dachsteinplateau – es gibt viel zu sehen. So wird die Hochalpenstraße zum Ziel; für Sportbegeisterte bei Radrennen, Oldtimerliebhaber bei Bergprüfungen, Motorradclubs bei Touren oder Familien im Pkw. Ist der Berg-Gasthof Steinerhaus schließlich erreicht, geht es für alle zu Fuß weiter. Rund 20 Minuten sind es bis zum Friedenskircherl und 50 Minuten bis zum Gipfelkreuz.

Auf der Spur von Emil Ritter von Horstig

Eng verwoben mit der Erschließung des Stoderzinkens ist der Name Emil Ritter von Horstig. Der große Wunsch des 1845 geborenen Sohns eines Bergbauunternehmers war es, andere für seine Welt über den Wolken zu begeistern. Dafür ließ er auch ein Alpenheim erbauen, an dessen Überresten eine Gedenktafel angebracht ist. Das Heim selbst ist vor mehr als einem Jahrhundert einem Brand zum Opfer gefallen. Ein kleiner Keller, der wie eine Höhle aus dem Gestein herausragt, erinnert noch daran. Einen unverändert schönen Anblick bietet das Friedenskircherl, das ebenfalls von Horstig erbaut wurde und zu dem es nun weitergeht: Links vom grauen Gestein und rechts vom blauen Himmel und der grünen Landschaft umschlossen, tut sich dabei ein Paradies für Wander- und Paragleiterfans auf.

Und dann ist man plötzlich da: Wie ein in den Felsen hineingebauter Adlerhorst wirkt das 1902 auf dem Hausberg Gröbmings erbaute Friedenskircherl. Einige Tausend Gäste wandern Jahr für Jahr hierher, um genau diesen Platz im Gemeindegebiet von Aich für sich zu entdecken, diesen Schatz, den Emil Ritter von Horstig schon vor mehr als 120 Jahren in sein Herz geschlossen hat. In 1.898 Meter Seehöhe wollte er Wind und Wetter – und allem, was die Menschen voneinander trennt – zum Trotz ein Symbol der Zusammengehörigkeit und der Achtung aller Konfessionen schaffen. Der Grundstein des Friedenskircherls, das auch seinem Erbauer einmal Frieden bringen sollte: »Hier irgendwo ruht die Asche von Emil Ritter von Horstig, gestorben am 30. Oktober 1931 im 87. Lebensjahr. Er wollte ›ein Blümle am Stoder‹ werden«, verrät eine an einem Felsen angebrachte Tafel des Alpenvereins.

So finden Sie zum Schatz

Kontakt: Bergrettung Gröbming
Tel. 0664 9426844
bergrettung-groebming.at

Anreise: Öffentlich: Mit der Bahn bis Gröbming und von dort aus mit dem Bus oder Rad zum Steinerhaus.
Auto: Auf der B320 nach Gröbming; weiter zur Mautstraße Stoderzinken-Alpenstraße bis zum Parkplatz Steinerhaus und zu Fuß zum Friedenskircherl.

Herzenspflicht

Für den Erhalt der unter Denkmalschutz stehenden Andachtsstätte, die bis heute von keiner Religionsgemeinschaft geweiht wurde, ist der Bergrettungsdienst von Gröbming zuständig. 1993 kam es unter dem damaligen Obmann Lambert Stiegler zum Kauf – seitdem ist die Zeit auf dem Stoderzinken nicht stehengeblieben: Regelmäßig werden etwa Schindeln ausgetauscht und die Geländer rund um das Kircherl nach dem Winter auf ihre Sicherheit hin geprüft. Auf das Stoderkircherl zu achten, ist für die Mitglieder der Bergrettung eine Herzenspflicht. Und so können bis heute an diesem Ort, dem sogar eine Briefmarke und Filme gewidmet wurden, weiterhin Kindheitserinnerungen gesammelt, Küsse ausgetauscht, neue Freundschaften geschlossen und unvergessliche Momente genossen werden – zwischen Berg und Himmel.

ROSEGGERS GEBURTSHAUS IN ALPL

Literarische Zeitreise in der Waldheimat

Das Leben schreibt die besten Geschichten. Das Leben des Heimatdichters Peter Rosegger bildet da natürlich keine Ausnahme: Der »Waldbauernbub« ließ sich immer wieder von seiner Kindheit auf dem Kluppeneggerhof in Alpl inspirieren. Was er dort erlebt und später niedergeschrieben hat, lässt sich hier auch heute noch nachspüren.

Winzig klein wirkt es, fast wie aus einem Puppenhaus: das Bett, in dem Peter Rosegger am 31. Juli 1843 auf die Welt gekommen ist. Ein Jahr zuvor haben seine Eltern Lorenz und Maria geheiratet; auf dem Bettkopf ist die Jahreszahl 1842 aufgemalt. Hier auf dem Kluppeneggerhof bei Krieglach scheint die Zeit seit damals stillzustehen. Doch zuerst muss sie von den Gästen auf dem Weg zum Museum einmal zurückgedreht werden: Bei einem halbstündigen Spaziergang geht es bergauf über Stock und Stein, denn Peter Roseggers Geburtshaus ist nur zu Fuß zu erreichen. Am Ziel angekommen, ist der Blick ins Tal umso lohnender, die Ruhe umso spürbarer.

In die Vergangenheit lesen

»Zieh Wandrer den Hut und bleib andächtig stehn! Denn hier ist voreinst ein Mirakel geschehn! Im achtzehnhundert und vierzigsten Jahr und danach im dritten Neumond gebar von Fichten umrauscht und vom Almenwind eine sterbliche Mutter ein unsterblich Kind«, mahnt eine Tafel am Eingang des Hauses.

In der Tat: Literarisch hat sich der »Waldbauernbub« unsterblich gemacht – und literarisch wird auch sein Geburtshaus erkundet, sein Leben erlesen. Kuratiert durch das Universalmuseum Joanneum, zieren Tafeln mit Rosegger-Zitaten die Wände, um Geschichten von damals zu erzählen – etwa über das Herzstück des Hauses: »So treten wir nun hinaus in die Küche. Es ist geraten, die Tür möglich rasch zu schließen, denn sonst schlägt, wenn auf dem Herde das Feuer brennt, der Rauch in die Stube.« Vom Feuerherd bis hin zum Speisekasten lässt sich die Rauchkuchl erkunden. Brot wurde hier Erzählungen zufolge übrigens nur zweimal im Monat gebacken – dafür ist im Backofen reichlich Platz; nämlich genau für 14 Laibe.

Im Bergbauernhaus, das die Roseggers auf dem kargen Landstück auf 1.150 Meter Seehöhe bewohnten, galt es, neben fünf Kindern auch Mägde und Knechte zu versorgen. Rund um den warmen Ofen kamen sie im Winter in der Stube zusammen. Hier wurde gegessen, geschlafen, aber auch gearbeitet – etwa am Spinnrad. Originalgetreu erhalten ist auch der große Esstisch aus dem Jahr 1840 oder die Wiege, in der Peter Rosegger einst als Baby träumte.

Der Trambaum verweist auf das Jahr 1744, in dem das Wohnhaus fertiggestellt wurde – wenig später sollte es von Peter Roseggers Urgroßvater bezogen werden. Es kam jedoch immer wieder zu Missernten, Krankheiten, Viehseuchen; Roseggers Eltern verschuldeten den Hof und mussten ihn 1868 verkaufen: »Mir wäre es recht, wenn dieses Haus schon abgerissen wäre und nur eine Tafel die Stätte bezeichnen sollte, wo mein Geburtshaus gestanden, denn die fremden Besucher machen sich nicht die richtige Vorstellung von der Gemütlichkeit, die hier geherrscht hat«, wird Rosegger in der kleinen Stube seines Geburtshauses zitiert, das mehrfache Besitzerwechsel durchmachen sollte.

Wachgeküsster Schatz

1927 erwarb schließlich das Land Steiermark den Hof: Das Wohnhaus wurde wachgeküsst und mit Möbeln aus Roseggers Kindheit bestückt. 17 Jahre seines Lebens hatte der »Waldbauernbub« auf dem Kluppeneggerhof verbracht, der neben dem Bauernhaus als Herzstück auch über Stallungen mit Platz für 20 Rinder, acht Schweine, 25 Schafe und Hühner verfügte. Es gab mehrere Scheunen für Heu, Stroh oder Getreide, eine

Das Bauernhaus ist so gut erhalten, dass das Leben von einst lebendig scheint.

Getreidemühle sowie eine Flachsbrechelhütte. In dieser wurde Flachs gedörrt, um seine Fasern später zu Leinenstoff zu verarbeiten.

Als das Land den Hof übernahm, waren die meisten Gebäude zu Ruinen verfallen; über Jahrzehnte hinweg wurde der heute unter Denkmalschutz stehende »vordere Kluppenegger« anhand von Skizzen und Erzählungen Peter Roseggers wiederaufgebaut und mit spannenden Führungen, Workshops und einem Jausenstüberl belebt. Es ist ein beeindruckender Ort, der den Heimatdichter ein Leben lang prägte und inspirierte – umgeben von malerischer Natur und weiteren Gedenkstätten wie der Waldschule und dem Sommerhaus, in dem Rosegger im Alter von 74 Jahren verstarb. In seinem umfangreichen Werk lebt er weiter; ebenso in seinem Geburtshaus, das heute als Museum die Welt von damals wiederauferstehen lässt. Und ihre Geschichten.

So finden Sie zum Schatz

Kontakt: Rosegger-Museum Krieglach
Tel. 03855 2375
www.museum-joanneum.at/peter-rosegger
Rosegger-Geburtshaus
Alpl 48, 8671 Alpl
Geöffnet von Anfang April bis Ende Oktober
Anreise: Öffentlich: Mit der Bahn bis Krieglach und von dort mit dem Rad zum Geburtshaus.
Auto: S6 Ausfahrt Krieglach oder Sankt Kathrein am Hauenstein, B72 bis Krieglach zum Parkplatz für das Rosegger-Geburtshaus, weiter bergauf zu Fuß.

TIROL

»Ich bin jedes Jahr aufs Neue überrascht, wie viele versteckte schöne Plätze wir in Tirol entdecken. Diese Plätze werden uns wohl nie ausgehen.«

Katharina Kramer

»Tirol hat so wie andere Bundesländer zahlreiche idyllische Plätze. Doch das Besondere an jeder Region sind die Menschen, sie machen den Platz einzigartig!«

Harry Prünster

FERNSTEINSEE

Idyllisches Ausflugsziel mit viel Geschichte

Als einer der schönsten Seen Tirols gilt der Fernsteinsee im Gemeindegebiet von Nassereith. Die Farben des kleinen Sees sind spektakulär und erinnern an sonnigen Tagen an die Karibik. Beeindruckend sind auch die Ruine des ehemaligen Jagdschlosses Sigmundsburg und das Schloss Fernstein. Taucherinnen und Taucher lieben den See wegen seiner Klarheit.

Der Fernsteinsee liegt in einer Höhe von fast 1.000 Metern am Eingang zum Gurgltal, gleich neben der Fernpass-Straße. Am westlichen Seeufer thront verträumt und romantisch Schloss Fernstein. Heute ist in dem aus dem 14. Jahrhundert stammenden Schloss ein Hotel untergebracht.

Der Fernsteinsee ist in Privatbesitz und gehört dem Hotelbesitzer. In heißen Sommern kann man sich hier wunderbar abkühlen. Die über 18 Hektar große Wasserfläche ist auch bei Anglern wie Bootfahrern äußerst beliebt. Auch ein Radweg führt rund um den See.

Immer wieder trifft man auf Taucherinnen und Taucher im See. Mit 17 Meter Wassertiefe ist er für eine ausgedehnte Erkundungstour unter Wasser bestens geeignet. Der Fernsteinsee ist unter Wasser ein ganz besonderes Paradies, traumhaft schöne Unterwasserlandschaften machen jeden Tauchgang zum Erlebnis, erklärt man uns vor Ort. Groß ist auch der Fischreichtum.

Zur Römerzeit verlief beim Fernsteinsee die Via Claudia Augusta. Überreste der Römerstraße sind bis heute zu sehen. Bereits damals konnte man am günstig gelegenen See rasten und die

Pferde wechseln. Bis 1856 führte die alte Fernpassstraße unmittelbar an Schloss Fernstein vorbei, dann wurde sie ausgebaut und ein Stück verlegt. Auch die große Brücke wurde errichtet, über die die Straße zum Fernpass heute führt. Die alte ehemalige Passstraße steht ganz den Wanderern und Ausflüglern zur Verfügung.

Mitten im See

Auf einer Insel liegt ziemlich versteckt die Ruine des mittelalterlichen Jagdschlosses Sigmundsburg. Nur mehr wenige Mauerreste lassen das Aussehen und die Dimensionen des Schlosses erahnen. Erbauen ließ es Erzherzog Sigmund der Münzreiche im 15. Jahrhundert. Es war ein Jagd- und Lustschloss und auch als Alterssitz für Sigmunds erste Gattin, Eleonore von Schottland, vorgesehen. Nach Sigmunds Tod nutzte Kaiser Maximilian I. das Schloss für Jagdausflüge im Außerfern.

In den folgenden Jahren verfiel das Schloss zunehmend, da sich niemand mehr dafür zuständig fühlte. 1775 wurde geschrieben, das eingefallene Schloss sei viel mehr für einen Steinhaufen als für eine Wohnung zu halten. Später interessierte sich Kaiser Maximilian II. von Bayern für die Schlossruine. Seine Umbaupläne wurden aber nie verwirklicht.

Das Gebäude zeigt sich den Besuchenden heute als romantische, von Bäumen überwucherte Ruine.

Das Lieblingsschloss König Ludwigs II.

Ganz anders schauen die Geschichte und die derzeitige Situation von Schloss Fernstein aus. Es wird 1519 zum ersten Mal urkundlich erwähnt und hatte schon damals in den Stallungen Platz für bis zu 70 Pferde. Das Schloss beherbergte im Laufe der Jahrhunderte viele blaublütige Gäste, zum Beispiel Kaiserin Maria Theresia.

Besondere Bedeutung bekam das Schloss, als es König Ludwig II. von Bayern zu seinem Lieblingsausflugsziel erklärte. Er ließ sich von Schloss Linderhof oder von Hohenschwangau hierherbringen, um die Abgeschiedenheit

Der See lässt tief blicken und hat viel zu bieten.

Inmitten vieler Grüntöne bietet der Fernsteinsee eine idyllische Umgebung.

und die Ruhe des Sees zu genießen. Im Winter reiste er gerne im Prunkschlitten und von Fackelträgern begleitet an, und er ließ sich auf Schloss Fernstein sogar zwei Zimmer als »Geheimquartier« reservieren. Man kennt auch noch die Speisekarten mit den historischen Luxus-Menüs, die der König hier einnahm.

Die Lieblingsspeise seiner Majestät war das »Hechtenkraut«. Ebenfalls oft serviert wurde Rehkeule mit Schnittlauch-Kartoffelstampf und grünem Spargel. Das Dessert war ein mit getrockneten Früchten gespicktes Orangeneis.

Bis heute ein Ort der Kunstliebhaberei

Ludwig II. soll über das Schloss und den See einmal Folgendes gesagt haben: »Auch für zahllose andere Menschen wird eine Zeit kommen, in der sie sich nach einem Lande sehnen und zu einem Fleck Erde flüchten, wo die moderne Kultur, Technik, Habgier und Hetze noch eine friedliche Stätte weit vom Lärm, Gewühl, Rauch und Staub übrig gelassen hat.«

Seit mehr als 100 Jahren ist das Schloss in Familienbesitz. Hotelier Bernward Köhle hütet es wie seinen Augapfel und hat die zum Teil riesigen Zimmer des alten Gemäuers in den vergangenen 60 Jahren mit Kunstschätzen gefüllt. Er wohnt selbst hier und kann sich nicht vorstellen, dass es einen besseren Ort zum Leben gibt.

So finden Sie zum Schatz

Kontakt:
Tourismusverband Imst
Johannesplatz 4
6460 Imst
Tel. 05412 6910
www.imst.at

Anreise: Öffentlich: Verschiedene Zielbahnhöfe wie zum Beispiel Imst oder Ötztal Bahnhof sind ungefähr 20 Kilometer entfernt. Bahninfos unter www.oebb.at
Auto: Über die A12 von Westen kommend Richtung Innsbruck, von Osten kommend Richtung Arlberg, Abfahrt Mötz, von dort aus Richtung Fernpass/ Reutte, Umfahrungsstraße Nassereith, durch die Tunnel ca. drei Kilometer bis zum Ziel.

GRAWA-WASSERFALL

Kraftvolles Naturjuwel und gut für die Gesundheit

Der Faszination Wasser kann man sich im hinteren Stubaital hingeben. Der spektakuläre Grawa-Wasserfall gilt als einer der schönsten Wasserfälle des Landes und als breitester Wasserfall der Ostalpen. Ein Aufenthalt dort soll extrem gesund sein. Und nach dem Motto »der Weg ist das Ziel« ist die Wanderung zum Wasserfall auch schon ein Erlebnis.

Der Grawa-Wasserfall ist das Herzstück des Wilde Wasser Weges. Dessen erste Etappe beginnt in Ranalt am rechten Ufer der Ruetz und umfasst 3,5 Kilometer. Man kann hier immer wieder lohnende Abstecher machen. Die Ruetz hat sich einen beeindruckenden Weg durch die Landschaft gegraben. Im Ruetz-Katarakt tobt das Wasser durch eine Schlucht, und man kann das Schauspiel von Plattformen und Brücken aus bestaunen.

Im sogenannten Amphitheater gleich neben dem Katarakt sieht man plötzlich rot. Was sofort ins Auge sticht, sind die vielen orangeroten Steine und Felsblöcke. Die bunten und wasserliebenden Luftalgen sorgen auf den Steinen für echte Farbexplosionen. Der Wilde Wasser Weg ist sehr liebevoll und aufwendig gestaltet, immer wieder kann man Texte zum Thema Wasser lesen.

Wie aus dem Nichts

Plötzlich und für Wanderinnen und Wanderer überraschend hat man nach einer Wegbiegung einen perfekten Blick durch die Bäume auf den imposanten Grawa-Wasserfall. Je nach Wassermenge verändert der Wasserfall sein Erscheinungsbild. Bei der Schneeschmelze im Frühsommer und nach starken Regenfällen ist

Versteckte und perfekte Abkühlung an heißen Sommertagen.

Bühne frei für
pures Genießen.

das Naturschauspiel aufgrund der großen Wassermengen besonders fesselnd. Zu bestimmten Tageszeiten im Frühsommer ist die Wassermenge ebenfalls sehr beeindruckend. »Das Licht ist am besten ganz in der Früh, am meisten Wasser kommt am Nachmittag«, erklärt uns der Wilde-Wasser-Weg-Begründer Luis Töchterle. Im Spätherbst schrumpft der Wasserfall zu einem schmalen Streifen.

Auftanken mit Aussicht

2013 wurde am Fuße des Wasserfalls eine Plattform gebaut. Auf Holzliegen kann man es sich dort gemütlich machen und den besten Ausblick genießen. Und man tut etwas für die Gesundheit.

Man spürt sehr schnell, wenn man nur wenige Meter vom Wasserfall entfernt ist, dass man so richtig gut durchatmen kann. Die Lunge scheint einen kleinen Freudenschrei von sich zu geben und sagt sich, da tut endlich jemand etwas für mich. Die Aerosole und Luft-Ionen, die am Wasserfall durch die Luft wirbeln, sind so winzig, dass sie ganz leicht in die oberen Atemwege kommen und das ganze System einmal ordentlich durchputzen. Vielleicht bildet man es sich auch ein, aber man fühlt sich nach einiger Zeit am Wasserfall einfach erholt und erfrischt. Die Frisur kann man allerdings vergessen. Wer zu Locken neigt, dem stehen praktisch die Haare zu Berge. Mächtige Kaskaden, wehende Sprühnebelschleier und das Tosen der Wassermassen machen auch einen Besuch der beiden Aussichtspunkte entlang des Wasserfalls zu einem eindrucksvollen Erlebnis. Das Wasser des Sulzenaubachs schießt hier aus 180 Meter Höhe und über 85 Meter breite Felsstufen in die Tiefe. Der Weg ist eng und schmal und führt über zum Teil rutschige Holzplanken und Steine aufwärts. Man sollte trittsicher sein.

Der schnellste Weg zum Wasserfall führt von den Parkplätzen direkt oberhalb der Grawa Alm an der Gletscherstraße. Nach 15 Minuten Fußweg ist das beeindruckende Naturschauspiel leicht zu erreichen. Schon von Weitem kann man den Wasserfall hören und spüren. Oft wehen die Fahnen des Wassers bis zu einer kleinen Brücke, die man überqueren muss.

So finden Sie zum Schatz

Kontakt: Tourismus-
verband Stubai Tirol
Dorf 3
6167 Neustift im Stubaital
Tel. 050 18810
www.stubai.at

Anreise: Öffentlich: Mit der
Bahn bis Hauptbahnhof
Innsbruck und mit der Bus-
linie 590 in das Stubaital
zur Haltestelle Tschangelair
Alm

Auto: A12/13 bis Ausfahrt
Schönberg/Stubaital und
auf der Landstraße durch
das Stubaital Richtung
Gletscherbahn bis kurz vor
die Tschangelair Alm. Oder
entlang der Brenner-Bun-
desstraße nach Schönberg
und weiter ins Stubaital.

Der Grawa-Wasserfall wurde 1979 offiziell zum Naturdenkmal erklärt. Er befindet sich im Landschaftsschutzgebiet rund um die Berge Serles, Habicht und Zuckerhütl. Der Sulzenaubach, der den Wasserfall mit Wasser versorgt, wird von den Gletschern im Einzugsbereich der Ruetz gespeist. Dazu gehören der Sulzenauferner, die Fernerstube und der Grünauferner. Gletscherbäche gelten als sehr unwirtlich, immer kalt und von hoher Fließ-geschwindigkeit. So schön das Naturschauspiel auch ist, im Bereich des Wasserfalls fühlen sich die wenigsten Insekten oder andere Wassertiere wohl.

Der Wald rund um den Wasserfall besteht aus Fichten und Zirben, ab und zu sind Erlen und Birken dabei. Auch Moose, Farne und Beerensträucher sind zu finden. Der feine Wasserstaub aus den Kaskaden sorgt für eine Flora, die an einen Regenwald erinnert.

Ein Erlebnis ist der Grawa-Wasserfall auch im Winter. Dann verwandelt er sich in ein faszinierendes Eisgebilde für Eiskletterinnen und Eiskletterer aus der ganzen Welt. Der Grawa-Wasserfall gilt als anfängerfreundlich. Wer schwierigere Routen sucht, sollte sich an die »Bese Hexe«, den »Botaniker-kamin« oder das »Schneewittchen« in der Nähe halten.

KLOBENSTEINSCHLUCHT

Spannende Ausblicke und luftige Hängebrücken

Ein echter Wasserschatz ist die wild-romantische Klobensteinschlucht bei Kössen. Die beeindruckende Klamm geht über Grenzen und verbindet Tirol und Bayern. Früher waren dort Schmuggler unterwegs. Viele Legenden ranken sich um diesen echten Geheimtipp, den sogar viele Tirolerinnen und Tiroler nicht kennen.

Kössen mit seinen 4.400 Einwohnerinnen und Einwohnern ist Ausgangspunkt der rund zweistündigen Wanderung auf dem neu ausgebauten Schmugglerweg. Dieser führt vom Zentrum zunächst über die hölzerne Staffenbrücke. Weiter geht es über die 69 Stufen der Teufelsstiege und durch den Wald an Aussichtsplattformen vorbei bis zu einer kleineren Hängebrücke und wenig später zu einer größeren. Sie ist 35 Meter lang und führt in einer Höhe von 28 Metern genau über die Entenlochklamm. Antenloch sagen die Einheimischen.

In der Nähe dieser Brücke kann man sich Gletschermühlen anschauen. Sie gelten als geologische Besonderheit aus der Eiszeit. Gletschermühlen sind große Löcher oder Höhlen im Felsen. Sie entstanden auf Gletscheroberflächen durch abfließendes Schmelzwasser. Mitgeführte Steine wurden geschliffen und vertieften die Einbuchtungen bis in die Felsen. Am Wegrand findet man immer wieder Erklärungen zu den verschiedenen Besonderheiten der Schlucht.

Wundersame Spaltung

Ein paar hundert Meter weiter thront die Wallfahrtskirche Klobenstein. Der Legende nach betete hier eine alte Frau, als sich plötzlich ein riesiger Felsblock löste und direkt auf sie zudonnerte. Doch glücklicherweise teilte sich der Stein auf wundersame Weise in zwei Hälften und die Frau überlebte den Zwischenfall.

Durch diesen gespaltenen Felsen, der sich gleich neben der Kirche und einer kleinen Kapelle befindet, führt heute ein schmaler Weg. »Man kann sich etwas wünschen. Schafft man es anschließend durch den Spalt, ohne den Felsen zu berühren, so geht dieser Wunsch in Erfüllung«, heißt es. Dieses Hindurchschlüpfen hatte in der Volksfrömmigkeit schon immer eine besondere Bedeutung. Man glaubte, Sünden, Krankheiten und Sorgen abstreifen zu können. In der Kapelle gibt es einen kleinen Brunnen. Dem Quellwasser werden Heilkräfte bei Augenleiden zugesprochen. Für die Bevölkerung gelten die Kirche, die Kapelle und der gespaltene Felsen als Kraftplatz, wird uns erzählt. Noch immer wollen viele Einheimische hier heiraten und ihre Kinder taufen lassen. Die Bäuerinnen und Bauern bitten hier in jedem Frühjahr um gutes Wetter für ihre Ernte.

Seit Menschengedenken geheimnisvoll

Die Klobensteinschlucht ist ein verborgenes Eingangstor in die Alpen. Viele Geschichten und Legenden ranken sich um diesen Schmugglerpfad. Schon in der frühen Bronzezeit war hier ein wichtiger Handelsweg für Kupfer und Bronze, im Mittelalter für den Transport von Wein und Salz, nach dem Zweiten Weltkrieg wurden über den Schmugglerweg Zigaretten, Kaffee, Rum und sogar Käselaibe geschmuggelt. Noch heute werden Geschichten von Kindern erzählt, deren Hosen mit der Schmuggelware vollgestopft wurden. In einem gemeinsamen österreichisch-bayrischen Interreg-Projekt wurde die grenzüberschreitende Klobensteinschlucht für die ganze Familie wander- und erlebbar gemacht. Bereits 2015 haben die Planungen begonnen. Die Wege wurden erneuert und es entstanden neue Brücken, Plattformen und Rastplätze.

Auch Rafting- und Kanu-Touren werden auf der Großache angeboten. Das Wasser der Ache wird auch im Hochsommer nicht wirklich warm. Die Kälte ist aber schnell vergessen, zu eindrucksvoll ist die Tour. Es geht

Die Schlucht kann man nicht nur erwandern, sondern auch mit dem Boot erobern.

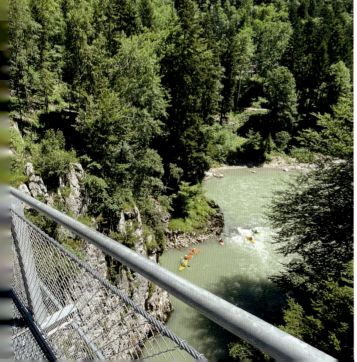

an steilen Felswänden vorbei und unter Hängebrücken durch. Kleinere Stromschnellen sorgen immer wieder für Gekreische bei manchen Boots-Insassinnen und Insassen, das man in der ganzen Schlucht hört.

Der Ausstieg befindet sich in der Nähe des kleinen bayrischen Orts Ettenhausen. Irgendwo hier in den dichten Wäldern übergaben auch die Schmuggler vor vielen Jahren ihre Waren, bevor sie sich wieder auf den Rückweg machten.

Mit der Naturgewalt zu leben lernen

Im Leben der Bevölkerung spielte die Schlucht schon immer eine große Rolle. Aufgrund der Engstelle in der Klamm gab es zahlreiche Hochwasser. Bei Starkregen und während der Schneeschmelze schwillt die Großache, die sich durch die Schlucht schlängelt, schnell gefährlich an.

Bei der Kössener Kirche erinnern Markierungen an die Hochwasserstände im 16. Jahrhundert. Auch 2013 stand der Ort unter Wasser. Seither wurden rund 20 Millionen Euro in den Hochwasserschutz investiert, um eine neuerliche Katastrophe zu verhindern.

So finden Sie zum Schatz

Kontakt: Tourismusverband Kaiserwinkl Postweg 6, 6345 Kössen Tel. 0501 100 www.kaiserwinkl.com

Anreise: Öffentlich: Mit der Bahn zu den Bahnhöfen Kufstein und St. Johann, von dort weiter mit dem Bus 4030 nach Kössen. Auto: A8 bis zum Inntaldreieck und weiter Richtung Kufstein. Bei der Abfahrt Oberaudorf in Bayern führt die Bundesstraße von Niederndorf über Walchsee nach Kössen.

Von Westen über die A12 bis Kufstein Nord und dann über die Bundesstraße nach Kössen.

VORARLBERG

»Am schönsten ist es zuhause.
Welch ein Glück, dass das
Vorarlberg ist.«

Kerstin Polzer

»Vorarlberg ist meine Kraftquelle,
dort liegen meine Wurzeln. Ich
musste vielleicht hinaus in die weite
Welt, um zu merken, was ›Heimat‹
wirklich für mich bedeutet. Heute
weiß ich, es ist ein Privileg, dass
ich im Ländle naturverbunden
aufwachsen durfte.«

Bettina Plank

BREGENZER OBERSTADT

Der etwas andere Blick auf die Vorarlberger Landeshauptstadt

Manchmal lohnt es sich, den Trubel der Stadt hinter sich zu lassen, auf schmalen Wegen etwas abseits zu gehen. Denn gerade dort lassen sich hin und wieder die schönsten Dinge entdecken. Mir ist es beim Besuch der Bregenzer Oberstadt jedenfalls genau so ergangen: Der fast verschlafen wirkende Stadtteil hat mich völlig in seinen Bann gezogen.

Fast alle haben ein Bild im Kopf, wenn sie an Bregenz denken, an die Landeshauptstadt Vorarlbergs. Manch einem oder einer kommt vielleicht die Promenade am Bodensee in den Sinn oder die große Festspielbühne mit den imposanten Bühnenbildern. Klar, auch das sind wunderschöne Plätze, aber es gibt noch ganz andere. Solche, die etwas im Verborgenen liegen und dadurch einen unglaublichen Charme versprühen. Die Bregenzer Oberstadt wurde im Mittelalter um das Jahr 1200, als Burgsiedlung von den Grafen von Montfort auf einem Hügel gegründet.

Abseits des Trubels

Die Oberstadt ist vom Bregenzer Zentrum aus ganz einfach zu Fuß erreichbar. Wer das pulsierende Leben der unteren Stadt hinter sich lässt, braucht nur wenige Minuten, um in die Altstadt zu kommen. Der Weg führt über den steilen Stadtsteig und ein paar Treppen. Sobald man die Pforte zur Oberstadt erreicht, taucht man ein in die Vergangenheit. Schon das Tor erzählt die ersten Geschichten. Auf der linken Seite ist das Wappen der Grafen von Bregenz zu sehen, auf der rechten jenes der Grafen von Montfort. Dieses Wappen ist den Vorarlbergerinnen und

Vorarlbergern bis heute erhalten geblieben, es ist nämlich das Landeswappen. Im Torbogen rentiert sich auch ein Blick in die Höhe. Dort hängt ein mumifizierter Haifisch, er sollte alles Böse von der Stadt fernhalten. Gelungen ist das jedoch im Lauf der Geschichte nicht immer.

Stadtmauer als Bindeglied

Die Straßen der Oberstadt sind gepflastert und relativ schmal, die Wege und Vorplätze sind wunderschön gepflegt und liebevoll dekoriert, die Welt scheint hier eine andere zu sein. Die Stadtmauer stammt aus dem 13. Jahrhundert, zu einem Großteil ist sie noch erhalten. Wer durch die Gassen spaziert, kann die alte Mauer immer wieder zwischen den Häusern erkennen. Sie wirkt wie eine starke Verbindung, auch dort, wo sie gar keine wirkliche Funktion mehr hat. Die Wohnhäuser sind zwei- bis vierstöckig, einige Gebäude wurden Ende des 19. Jahrhunderts abgerissen, aber dann im ursprünglichen Stil wieder ersetzt. Ein Glück, denn dadurch konnte die Oberstadt ihren mittelalterlichen Charakter bis heute bewahren.

Das größte Gebäude ist das ehemalige Gefangenenhaus des Bezirkes, heute befindet sich darin das Bundesdenkmalamt. Imposant ist auch das Alte Rathaus, ein sehr interessanter Fachwerkbau aus dem Jahr 1662. Ein beliebtes Sujet für viele Maler stellt das Deuringschlösschen dar, ein barockes Schmuckkästchen, das bis heute das Stadtbild der Oberstadt mitbeherrscht. Das auffälligste Gebäude in der Oberstadt ist aber wohl der Martinsturm, er ist das Wahrzeichen von Bregenz. Schon von Weitem ist der Zwiebelturm zu erkennen, er gilt als größter Zwiebelturm Mitteleuropas. Ursprünglich war der Martinsturm einfach nur ein Getreidespeicher, nur minimal höher als die Stadtmauer. Erst zu Beginn des 17. Jahrhunderts wurde das Gebäude aufgestockt und ganz oben noch mit einer riesigen Holzkuppel versehen. Über Jahrhunderte hinweg verrichtete ein Turmwächter dort seinen Dienst. Er hatte die Aufgabe, die Bürgerinnen und Bürger der Stadt zu warnen, vor allem vor Feuer.

Am grün umrandeten Hügel betritt man eine ganz eigene Welt.

Viel Liebe zum Detail beweist die Freude der Einheimischen an ihrem Schatz.

Wer den Martinsturm besucht, sollte auf jeden Fall einen Blick ins Innere werfen. In der ehemaligen Türmer-Wohnung gibt es Ausstellungen und man kann einiges über die Bregenzer Stadtgeschichte erfahren. Und dann sollten die Besucherinnen und Besucher unbedingt bis ganz hinauf steigen, denn dort eröffnet sich ein großartiger Rundumblick. Das Panorama ist herrlich, man sieht über Bregenz und die Oberstadt, den Pfänder, die Schweizer Berge und natürlich über den Bodensee.

Sehr zu empfehlen ist auch eine Pause im kleinen Café am Fuße des Turms, das erst kürzlich eröffnet wurde. Mit einem kühlen Getränk oder einem feinen Kaffee unter dem alten Baum lässt sich das spezielle Ambiente hervorragend genießen.

Ein Spaziergang durch die Oberstadt ist eindeutig einen Ausflug wert, und zwar für Gäste genauso wie für Einheimische. Die alten Mauern haben spannende Geschichten zu erzählen, und wer sich dafür ganz und gar nicht interessieren sollte, der hat auch genug damit zu tun, den besonderen Charme dieses schönen Ortes zu genießen. Manchmal ist nämlich auch das allein eine Wohltat.

So finden Sie zum Schatz

Kontakt: Martinsturm, Oberstadt
Martinsgasse 3b
6900 Bregenz
Tel. 05574 4101599
www.bregenz.gv.at/kultur/martinsturm

Anreise: Öffentlich: Ab Bahnhof Bregenz 10–15 Gehminuten zur Maurachgasse, sie führt zum Stadttor der Oberstadt.
Oder mit dem Bus zur Haltestelle »Montfortstraße«, von dort sind es noch ca. fünf Minuten zu Fuß in die Maurachgasse (Stadtbuslinien 4 und 5, Landbuslinien 20, 25, 35, 37).
Auto: Rheintalautobahn A14, Ausfahrt Bregenz

SCHWARZWASSERBACH

Ein geheimnisvoller Fluss in einem sehr speziellen Tal

Ein Spaziergang entlang des Schwarzwasserbachs ist wie eine kleine Offenbarung: Der Fluss erlaubt Einblicke in die Vergangenheit, er gibt ein paar Geheimnisse preis und verspricht uns sogar ein kleines Wunder. Wer den Schwarzwasserbach besuchen möchte, muss eine Reise in eine sehr abgelegene Talschaft auf sich nehmen – in die vielleicht schönste Sackgasse der Welt.

Das Kleinwalsertal liegt im Osten Vorarlbergs und ist vom restlichen Bundesland durch hohe Berge getrennt. Es gibt zwar ein paar Wanderwege, die ins Kleinwalsertal führen, aber für all jene, die die Straße bevorzugen, führt der Weg über Deutschland. Diese geografische Situation hat dazu geführt, dass das Kleinwalsertal schon immer stark an Deutschland orientiert war, vor allem wirtschaftlich. Bevor es den Euro gab, wurde dort zum Beispiel mit D-Mark bezahlt. In den drei Orten, die zu einer Gemeinde zusammengefasst sind, leben rund 5.000 Menschen. Die Haupteinnahmequelle ist der Tourismus, allerdings prägen nicht große Events das Tal, sondern das Naturerlebnis. Die Region hat sich zum Ziel gesetzt, Naturwissen zu vermitteln und die Natur bewusst erlebbar zu machen.

Das Wasser als Begleiter

Eine Wanderung entlang des Schwarzwasserbachs ist perfekt geeignet für die ganze Familie. Ein einfacher Weg führt durch Wälder und Wiesen, sehr abwechslungsreich und stets begleitet vom Rauschen des Flusses. Der Schwarzwasserbach entspringt im Gebiet des Hohen Ifen, schlängelt sich dann mal sanft und mal ganz wild ins Tal und mündet schließlich

Beschauliche und berauschende Abwechslung verspricht eine Wanderung entlang des Schwarzwasserbachs.

Sanfter Tourismus besticht mit kleinen Besonderheiten.

in Riezlern in die Breitach. Bei Besucherinnen und Besuchern ist vor allem der untere Teil des Flusslaufs sehr beliebt, zum einen ist er sehr gut erreichbar und zum anderen gibt es in diesem Bereich ein paar außergewöhnlich schöne Plätze zu entdecken.

Steinwunder, vom Wasser geformt

Ein Anziehungspunkt ist zum Beispiel die Brücke aus Stein, ein Naturdenkmal. Die Humusdecke auf den Felsen ist zwar äußerst dünn, dennoch haben sich zwei Fichten angesiedelt, die mittlerweile schon hoch gewachsen sind. Viel besucht sind auch die Kessellöcher, das sind uralte Auswaschungen im Bachbett, die sich als große Strudellöcher und tiefe Gumpen zeigen. Minutenlang kann man die Wasserspiele beobachten, langweilig wird das nie.

Verantwortlich für diese speziellen Formationen ist das Gestein: Im Kleinwalsertal gibt es viel Schrattenkalk, gut zu sehen ist das am imposanten Massiv des Hohen Ifen. Diese Kalkart ist etwa 100 Millionen Jahre alt und extrem spröde. Durch das Wasser verkarstet der Kalk, und so sind viele Höhlen und unterirdisch weit verzweigte Wassersysteme entstanden. Der Schwarzwasserbach fließt deshalb manchmal oberirdisch und manchmal unterirdisch – es kann daher durchaus passieren, dass er plötzlich in der Erde verschwindet ...

Die größte bekannte Estavelle der Alpen?

Etwas abseits des Weges ist dann noch etwas Spezielles zu finden, Forscherinnen und Forscher haben im Schwarzwasserbach nämlich eine Estavelle entdeckt, es könnte sogar die größte bekannte in den Alpen sein. Estavellen sind sehr seltene Höhlen, die das Wasser je nach Wasserstand schlucken oder ausspucken. Wenn der Fluss wenig Wasser führt, fließt es in den Höhleneingang hinein und verschwindet. Wenn mehr Wasser kommt, ist die Höhle überflutet und für Besucherinnen und Besucher unsichtbar, und wenn sehr viel Wasser fließt, wird der Druck zu groß und das Wasser quillt

So finden Sie zum Schatz

Kontakt: Gemeinde Mittelberg
Walserstraße 52
6991 Riezlern
Tel. 05517 53150
www.gde-mittelberg.at

Anreise: Öffentlich: Vom Bahnhof Oberstorf (D) fährt der Walserbus ins Kleinwalsertal. Von dort Linie 5, Haltestelle »Schröflesäge«, von hier sind es nur wenige Gehminuten zu den Kessellöchern, Oder mit der Linie 3, Haltestelle »Sportplatz/Au«, hier kann man flussauf- und flussabwärts starten.
Auto: B19 über Oberstorf (D) nach Riezlern.

aus dem Untergrund wieder hervor. In dieser Phase wird die Höhle dann zur Quelle. Naturfreundinnen und Naturfreunde brauchen aber wohl ein bisschen Glück, um dieses Naturschauspiel beobachten zu können, bei unseren Dreharbeiten war die Höhle jedenfalls nicht sichtbar.

Die Wanderung entlang des Schwarzwasserbachs ist aber trotzdem sehr zu empfehlen, ganz egal, ob sich die Estavelle zeigt oder nicht. Neben den Strudellöchern gibt es auch noch einige Wasserfälle. Bis zu 40 Meter stürzt das Wasser dort kaskadenartig in die Tiefe. Auf raue Teilstücke folgen aber auch ganz sanfte, der Weg führt nämlich auch an artenreichen Mooren vorbei. Das Hochmoor Höfle ist eines der bedeutendsten und noch gut erhaltenen Hochmoore des Kleinwalsertals.

Ein moosiger Waldboden, hohe Bäume, ausgewaschene Felswände, türkises Wasser und unzählige Lichtstrahlen – all das bildet eine fast mystisch wirkende Harmonie. Der Schwarzwasserbach strahlt eine besondere Atmosphäre aus. Eigentlich muss man hier einfach immer mal wieder eine kurze Rast einlegen, auch dann, wenn man noch gar nicht müde ist …

ÜBLE SCHLUCHT

Ein Erlebnis, das alles andere als übel ist

Bizarre Gesteinsformationen, ein Wasserfall und unzählige Licht- und Wasserspiele – das alles erwartet Naturfreundinnen und Naturfreunde, die den steilen
Abstieg ins Frutztal wagen. Die Üble Schlucht kann zweifellos als Geheimtipp
betrachtet werden, schließlich ist sie weit weg vom Massentourismus, völlig
naturbelassen und gar nicht so leicht zu erreichen. Wer schwindelfrei und trittsicher ist, wird die Durchquerung in vollen Zügen genießen.

Die Üble Schlucht liegt im Laternsertal, einem Seitental des Rheintals. Der Weg in die Schlucht ist mit ein bisschen Anstrengung verbunden, zum Wasser hinunter führt ein alpiner Steig – und zwar von beiden Talseiten: Man kann entweder von Laterns-Thal über die Wiesen zum Eingang der Schlucht kommen oder von Rankweil aus. Diese Strecke ist aber ein wenig länger. Auf beiden Wegen gibt es viele Tritte und Stufen und es kann immer wieder auch sehr rutschig sein. Da und dort muss man den Kopf einziehen, um nicht an den Felsen anzustoßen. Enorm wichtig für einen Ausflug in die Schlucht ist gutes Schuhwerk. Wer in diesem Gelände unterwegs ist, muss ein bisschen Kondition mitbringen, gut zu Fuß sein und Vorsicht walten lassen. Manchmal, in sehr steilen Passagen, ist es auch sinnvoll die Hände zu Hilfe zu nehmen und sich am Seil festzuhalten.

Stehen bleiben und staunen

Unten angekommen, eröffnet sich eine neue Perspektive. Die Felswände in der Schlucht sind senkrecht, teilweise überhängend. Der Blick schweift nach oben, dorthin, woher das Wasser kommt. Mit hoher Geschwindigkeit stürzt es über die Felsen hinunter, das Rauschen ist so laut, dass man sein Gegenüber entweder anschreien muss oder einfach beschließt, diesen Moment ganz ohne Worte zu genießen. Das

Erlebnis, mittendrin zu stehen, ist wirklich einzigartig. Die Kraft der Natur wird hier wohl jedem klar, die Winzigkeit des menschlichen Daseins vermutlich ebenso.

Die Kraft des Wassers

Die Üble Schlucht ist ein Europaschutzgebiet, etwa 500 Meter lang und weitgehend unberührt. Das Wasser hat hier viel Arbeit geleistet und sich seinen Weg in die Tiefe gegraben. Obwohl der Kieselkalk sehr hart ist, hatte auch er dem Wasser über die Jahrtausende hinweg nur wenig entgegenzusetzen. Bemerkenswert ist die Vegetation: Auch an exponierten Stellen in den schroffen Kalkfelswänden wachsen Moose und Farne. Es müssen sehr genügsame Pflanzen sein, wenn sie sich hier entwickeln können. Wind und Niederschläge, Trockenheit und große Temperaturschwankungen stellen für Pflanzen keine einfachen Lebensbedingungen dar – und doch gibt es Spezialisten, die allem trotzen. Auch Fische sind unterwegs, in den ruhigeren, wassergefüllten Vertiefungen, den so genannten Kolken, fühlen sich zum Beispiel Bachforellen recht wohl.

Gefährlich und eng

Der Name »Üble Schlucht« hat natürlich einen Grund. Früher war die Schlucht eine wichtige Verbindung vom Laternsertal ins Rheintal. Für die Bewohnerinnen und Bewohner war der Weg aber schwer zu überwinden und sehr gefährlich. Auch die Holz-Flözer hatten hier ihre Schwierigkeiten. Sie nutzten die Frutz als Transportweg und beförderten auf dem Wasser jahrhundertelang Holzstämme ins Rheintal. Dort wurden sie als Bau- und Heizmaterial benötigt. Noch immer stecken in der Schlucht dicke Holzstämme fest. Die Flözerei ist zwar längst Geschichte, doch anhand dieses Anblickes kann man sich leicht vorstellen, dass die Schlucht in der Tat eine schwierige und, ja, eindeutig eine üble Engstelle war.

Die Schlucht verlangt Tritt-
sicherheit, dafür bleibt sie
von großen Menschen-
ansammlungen verschont.

Die pure Kraft des Wassers kann man hier mit allen Sinnen aufsaugen.

Im Winter gesperrt

Touristisch erschlossen wurde die Schlucht vor mehr als 100 Jahren, alten Gemeindeblättern zufolge im Jahr 1911. Damals lud der Verschönerungsverein Rankweil zu einem Mai-Ausflug – und zwar angesichts der neu angelegten Drahtseile und Geländer. Durch diese Sicherungsmaßnahmen sei es auch Ungeübten möglich, die Naturschönheiten der »Üblen« zu durchwandern und zu bewundern. Ganz ungefährlich ist der Weg durch die Schlucht aber bis heute nicht. In den Wintermonaten ist sie gesperrt, weil es häufig zu Steinschlägen kommt. Im Frühjahr gibt es zuerst eine behördliche Begehung, der Steig wird, wenn nötig, freigelegt, Stufen und Tritte werden saniert und die Sicherungsseile geprüft. Erst danach ist der Weg für Wanderinnen und Wanderer wieder offen.

Kühle Tropfen an einem heißen Sommertag, tosende Wassermassen, die über riesige Felswände donnern, wildromantisch und ungezähmt. Ein Ausflug in die Schlucht ist ein atemberaubendes Erlebnis – spätestens dann, wenn die Sonnenstrahlen und die Wassertropfen einen zarten Regenbogen in das schroffe Gelände zaubern.

So finden Sie zum Schatz

Kontakt: Gemeinde Laterns
Laternserstraße 6
6830 Laterns
Tel. 05526 212
www.laterns.at
Anreise: Öffentlich: Landbuslinie 65 ab Bahnhof Rankweil bis Haltestelle Gasthof Löwen.
Auto: A14 Rheintalautobahn, Ausfahrt Rankweil, ab Zentrum Richtung Laterns. Nach der Ortsdurchfahrt Laterns-Thal gibt es einen öffentlichen, kostenlosen Parkplatz.

»Ich fahre ja seit Jahren in meine ›Arztpraxis‹ nach München. Und da bekomme ich immer wieder Folgendes zu hören: ›Was! Du bist aus Wien! O mein Gott – wir lieben Wien! Die schönste Stadt der Welt! Und ihr Wiener – ihr seid ja sooo charmant!‹ Ja, da ist man dann schon a bissl stolz.«

Erich Altenkopf

»Immer wieder bringt mich mein Heimatbundesland zum Staunen. Hier in Wien gibt es so viel Schönes, Interessantes, Geschichtsträchtiges und auch Geheimnisvolles. Wien ist anders und wunderschön.«

Elisabeth Vogel

SCHLOSS BELVEDERE

Barock-Ensemble mit schöner Aussicht

Das Schloss Belvedere ist eine geschichtsträchtige Schlossanlage mitten im dritten Wiener Gemeindebezirk. Am 15. Mai 1955 wurde dort der Österreichische Staatsvertrag unterzeichnet. Im Schloss und in der Gartenanlage gibt es einiges zu entdecken – von Ausstellungen mit weltberühmten Bildern bis hin zu interessanten Geschichten und Geheimnissen.

»Belvedere« – das ist italienisch für »schöne Aussicht«. Und das trifft beim Schloss Belvedere auf Vielerlei zu. Das einzigartige Gesamtensemble in der Nähe der Innenstadt besteht aus dem Oberen Belvedere und dem Unteren Belvedere. Der weitläufige Garten zählt zu den schönsten Barockanlagen der Welt. Sobald man ihn betritt, wird man in eine eigene Welt mit vielen wunderbaren Eindrücken gezogen.

Vorreiter der Museen

Im 18. Jahrhundert beauftragte der österreichische Feldherr Prinz Eugen von Savoyen den angesehenen Barockarchitekten Johann Lucas von Hildebrandt mit dem Bau eines Sommersitzes. Prinz Eugen selbst war ein großer österreichischer Feldherr und Staatsmann italienischer Abstammung, als Bauherr und Kunstsammler aktiv und gilt als einer der bedeutendsten Mäzene seiner Zeit. 1723 wurde schließlich das Obere Belvedere fertiggestellt.

Nach Prinz Eugens Tod erwarb Kaiserin Maria Theresia 1752 die gesamte Anlage. Sie machte das Obere Belvedere zum Ausstellungsort der kaiserlichen Sammlungen und damit zu einem der ersten öffentlichen Museen weltweit.

Der Marmorsaal im Oberen Belvedere bietet einen unvergleichlichen Ausblick auf Wien. Er wird auch »Canaletto-Blick« genannt. Der venezianische Maler Bernardo Bellotto, genannt Canaletto, hat diesen Blick auf die Wiener Innenstadt in einem Ölbild festgehalten und populär gemacht.

Das wichtigste Zitat der Geschichte

»Österreich ist frei!« Dieser wohl bekannteste Ausspruch der Zweiten Republik und das Foto dazu haben sich im kollektiven Gedächtnis eingeprägt. Zehn Jahre nach Ende der nationalsozialistischen Herrschaft wurde mit der Unterzeichnung des Staatsvertrags die Souveränität Österreichs wieder hergestellt. Die berühmte Szene, bei der Bundeskanzler Leopold Figl den unterzeichneten Staatsvertrag vom Balkon des Belvedere aus der Bevölkerung zeigt, wird oft mit dem Ausspruch »Österreich ist frei!« verknüpft, obwohl dieser im Inneren des Schlosses gefallen ist. Das Original des Staatsvertrages befindet sich übrigens im Staatsarchiv des Außenministeriums in Moskau.

Die barocke Parkanlage ist öffentlich zugänglich

Sie bildet mit den Schlössern eine Einheit, die von der UNESCO zum Weltkulturerbe ernannt wurde. Im 18. Jahrhundert diente die Anlage mit ihren Gärten hauptsächlich als Bühne zum Lustwandeln, Promenieren und Konversieren und sollte gleichzeitig Macht, Weisheit und Reichtum seines Besitzers demonstrieren. Der Hauptgarten liegt zwischen Unterem und Oberem Belvedere und erstreckt sich über drei große Terrassen – mit symmetrischen Blumenparterres, Wasserbassins, Hecken, Sphingen und Treppen. An der Südseite des Oberen Belvedere bietet der sogenannte Spiegelungsteich einen besonderen visuellen Effekt: Die Schlossfassade spiegelt sich in dem Teich, und man sieht quasi das Schloss doppelt.
In den 1870er-Jahren war das Areal ein beliebtes Ausflugsziel der Wienerinnen und Wiener. Kinder durften im unteren Teil sogar Ball spielen. Um die Sauberkeit zu wahren, wurde schließlich 1874 an der Mauer zum Kloster der

Alpenflora trifft auf Barock-architektur, die Kunst aus sieben Jahrhunderten beherbergt.

Der Canaletto-Blick stand symbolisch für die Entwicklung Wiens unter dem Haus Habsburg.

Salesianerinnen die, wie es heißt, erste öffentlich zugängliche Toilettenanlage Wiens samt Senkgrube errichtet.

Auf dem Areal des Belvedere befindet sich auch der älteste Alpengarten Europas. Er zeigt die wertvolle historische Alpenpflanzensammlung der Bundesgärten. Diese Sammlung wurde 1803 von den Erzherzögen Johann, Rainer und Anton im Schlosspark Schönbrunn gegründet und dann 1865 in den Belvederegarten verlegt. Besonderheiten sind etwa die Rhododendronblüte und die Bonsai-Sammlung mit mehr als 100 japanischen Bonsais.

Das Schloss Belvedere beherbergt eines der führenden Museen weltweit. Die Kunstsammlung im Unteren und Oberen Belvedere und im Belvedere 21 umfasst 15.000 Werke vom Mittelalter bis zur Gegenwart. Derzeit können rund 430 Objekte angeschaut werden, unter ihnen das weltberühmte Gemälde »Der Kuss« von Gustav Klimt.

Zum Schloss Belvedere gibt es auch eine eher unbekannte und unterirdische Geschichte: Der Kavalierstrakt, ein Seitengebäude, war mit dem Oberen Belvedere seit 1891 mit einem unterirdischen Gang verbunden. Damit wurde gewährleistet, dass man sich bei jedem Wetter trocken zwischen den Gebäuden bewegen konnte. Unterirdische Geschichten und oberirdische Ausblicke, die es sonst nirgendwo gibt – das bietet das Schloss Belvedere im Herzen Wiens.

So finden Sie zum Schatz

Kontakt: Oberes Belvedere Prinz-Eugen-Straße 27 Unteres Belvedere Rennweg 6 Belvedere 21 Arsenalstraße 1, 1030 Wien Tel. 01 79557-0 www.belvedere.at

Anreise: Das Schloss Belvedere befindet sich im 3. Bezirk, der Haupteingang direkt bei der Ecke Prinz-Eugen-Straße/Landstraßer Gürtel. Erreichbar via Straßenbahnlinie 18 und O, Haltestelle Quartier Belvedere und Linie D, Haltestelle Schloss Belvedere. Die U-Bahn-Station Südtiroler Platz – Hauptbahnhof liegt nur eine Straßenbahnhaltestelle weiter, etwa 600 Meter vom Haupteingang entfernt.

KAASGRABENKIRCHE

Legendenumwobenes Gotteshaus in Grinzing

Die Kaasgrabenkirche, die auch Wallfahrtskirche »Mariä Schmerzen« genannt wird, ist eine römisch-katholische Kirche im Stadtteil Grinzing im 19. Wiener Gemeindebezirk. Um die neubarocke Kirche ranken sich einige Legenden. Und ihre Erscheinung mitten in den Weinbergen ist genauso sehenswert wie ihr Inneres und die Umgebung rundherum.

Der Name ist nicht besonders klangvoll, das Erscheinungsbild der Kirche mit den mächtigen Treppen und dem neubarocken Turm lässt aber alle staunen, die den Weg in den Döblinger Stadtteil Grinzing finden. Den Namen Kaasgrabenkirche verdankt sie einem alten Flurnamen, der vermutlich auf eisen- und schwefelhaltiges Wasser zurückgeht. Chäswasser war die Bezeichnung für übelriechendes Quellwasser. Heute weiß man, dass in diesem Bereich in größerer Tiefe tatsächlich schwefelhaltiges Thermalwasser vorhanden ist, das offenbar gelegentlich durch Druckanstieg an

die Erdoberfläche gepresst wird oder zumindest wurde. Ein solcher »Aufstoß« – so der geologische Fachausdruck – wurde noch Anfang des 20. Jahrhunderts unweit der Kirche nachgewiesen.

Legende um die Entstehung

Eine junge Frau aus Grinzing soll während der Zweiten Wiener Türkenbelagerung im Jahr 1683 von umherstreifenden Türken verfolgt worden sein. Mit ihrem Kind auf dem Arm rief sie zur Muttergottes um Hilfe und Rettung. Schließlich versteckte sie sich hinter einem Holunder-

Ein Ausflug zur Kaasgrabenkirche mit ihren interessanten Geschichten zahlt sich in jedem Fall aus.

Umgeben von Weinreben, thront die Kirche, die seit 1939 im Rang einer Pfarrkirche steht in Grinzing.

busch. Als die Soldaten den Fußspuren nachgingen und zu dem Busch kamen, flogen plötzlich Schwalben auf, die sich ebenfalls dort niedergelassen hatten. Die Soldaten gingen davon aus, dass sich bei so vielen Schwalben kein Mensch verbergen könnte. Sie kehrten um, und Mutter und Kind waren gerettet. Sobald die Türken abgezogen waren, pilgerte die Frau oft zu dieser Stelle und betete vor einem Bild der »Schwalbenmuttergottes«, das sie in der Nähe dieses Busches im Wald angebracht hatte. Später stand ein Marterl an dieser Stelle.

Von der Kapelle bis zur Kirche

1883 ließ ein Fuhrwerksunternehmer namens Kothbauer, der Sandgruben im Kaasgraben besaß, dort, anlässlich des 200. Jubiläums der angeblichen Errettung von Mutter und Kind eine kleine Kapelle errichten. Im Jahr 1903 wurde die Kongregation der Oblaten des Heiligen Franz von Sales mit der Besorgung der Gottesdienste betraut. Weil in der Folge immer mehr Menschen zu der Kirche pilgerten, baute die Kongregation 1909/1910 auf der sogenannten Grinzinger Höhe eine Kirche – und zwar nach Plänen von Franz Kupka und Gustav Orglmeister in neobarocken Formen. Dass die Kirche überhaupt gebaut werden konnte, ist hauptsächlich der finanziellen Unterstützung des Großindustriellen Stephan Esders zu verdanken. Er erfüllte damit ein Gelübde. Neben dem Kircheneingang ist rechts ein Marmormedaillon mit reliefartigem Porträt dieses Mäzens zu sehen.

Die in Hufeisenform ansteigenden Stiegenaufgänge tragen an der inneren Seite Steinreliefs, die einen Kreuzweg zeigen. Betritt man den hellen Kirchenraum, der in Proportion und Gliederung klar und einfach ist, wird der Blick sofort auf den Hochaltar mit der barocken Madonnafigur aus Marmor gelenkt. Das Altarbild dahinter zeigt Maria verehrende Engel. Rechts und links des Altars befinden sich Statuen des Heiligen Franz von Sales und des Heiligen Bernhard. Am linken Seitenaltar wurde eine lebensgroße barocke Skulptur der Schmerzhaften Muttergottes aufgestellt, die schon in der alten Schwalbenkapelle gestanden hatte.

So finden Sie zum Schatz

Kontakt: Kaasgrabenkirche
Ettingshausengasse 1
1190 Wien
Tel. 01 36845-87
www.kaasgraben.at
Anreise: Öffentlich:
Straßenbahnlinie 38, Station
»An den langen Lüssen«,
ca. 850 Meter Fußweg
Auto: Am besten »Stefan-
Esders-Platz, 1190 Wien«
ins Navi eingeben.

Fast 50 Jahre lang – vom Zeitpunkt der Errichtung bis in die frühen sechziger Jahre des 20. Jahrhunderts – war die Kirche Ziel vieler Wallfahrergruppen. An Marienfeiertagen wurden bis zu 4.000 Pilgernde gezählt. Im Pfarrhaus gab es auch das »1. Missionsmuseum Wiens«, das 1930 eröffnet wurde.

Die Zeit der zahlreichen Wallfahrten ist heute vorüber. Wegen ihrer Schönheit ist die Kirche aber bei Hochzeitern äußerst beliebt, die die romantische Umgebung mitten in den Weinbergen schätzen. Auch viele Kinder werden hier getauft. Und so schließt sich der Kreis zur Legende, der zufolge ja auch ein Kind einst gerettet wurde. Ein Ausflug zur Kaasgrabenkirche mit ihren interessanten Geschichten und dem Blick zahlt sich in jedem Fall aus.

WURSTELPRATER

Vom kaiserlichen Jagdgebiet zur Freizeitoase

Der Wurstelprater im zweiten Wiener Gemeindebezirk ist ein Vergnügungs-park mit bewegter Geschichte und vielen Geschichten. Er wird in Urkunden aus dem Jahr 1825 als Volksprater erwähnt, seine Geburtsstunde schlug aber schon früher. Umgeben von einem Erholungsgebiet, dem Grünen Prater, beherbergt er auch das weltberühmte Wiener Wahrzeichen, das Riesenrad.

»Den Wurschtl, mei liaber, den kann kana daschlogn«, so heißt es in dem alten Wienerlied »Der Wurschtel«. Und fürwahr: Der Wurschtel und seine Fans leben in Wien schon lange. Auf einer Fläche von 300.000 Quadratmetern erstreckt sich das Areal des Wurstelpraters an der Nordwestspitze des Grünen Praters zwischen Donau und Donaukanal. Gleich beim Eingang weht einem der Duft von Zuckerwatte und Langos entgegen, Gekreische und Musik sind zu hören. Man betritt eine sagenhafte Fantasie-welt zwischen Gruseln, Staunen, Adrenalin-kick und Wiener Geschichte. Deshalb bietet der Wurstelprater weit mehr als ein gewöhnlicher Vergnügungspark.

Der Grüne Prater war über Jahrhunderte kaiser-liches Jagdgebiet. Infolge eines »Avertisse-ments« Josephs II. vom 7. April 1766 wurde er für die Allgemeinheit geöffnet. Außerdem wurde kurz darauf die Erlaubnis erteilt, »Hut-schen nach niederländischer Art«, ein Ringel-spiel und eine »Machine per modum einer Schlittenfahrt« vor Ort in Betrieb zu nehmen. Diese Erlaubnis wurde durch eine ausdrück-liche Genehmigung für Wirtshäuser, Kaffee-sieder und Weinschenken ergänzt. Das war der Beginn des sogenannten Wurstelpraters.

So kam der Wurstelprater zu seinem Namen

Zu den ersten Praterunterhaltungen gehörten die Kasperltheater, die in Wien auch als »Wursteltheater« bezeichnet wurden.

Um 1800 führte man in Anlehnung an das Barock auch szenische Feuerwerke auf, die Geschichten anhand von Feuerbildern erzählten. Der Feuerwerker Johann Georg Stuwer war mit seinen Nachkommen mehr als hundert Jahre für die meisten Feuerwerke im Prater verantwortlich. Auf sie geht auch der Name des »Stuwerviertels« im zweiten Wiener Gemeindebezirk zurück – des Bereichs der ehemaligen Feuerwerkswiese. Die Stuwers machten dort auch Luftfahrtexperimente, etwa 1784 den ersten bemannten Flug in einem an Seilen festgehaltenen hölzernen Luftschiff. Immer wieder gab es Besonderes im Prater. 1844 ging Basilio Calafatis damals hochmodernes Eisenbahnkarussell in Betrieb. Noch heute gibt es mitten im Wurstelprater den Calafatiplatz – mit einer neun Meter hohen Figur namens »Calafati«, der Nachbildung einer Chinesen-Figur, die einst das Karussell des Basilio Calafati schmückte.

Wien ohne Riesenrad ist undenkbar

Mitte 1897, also heuer vor genau 125 Jahren, wurde das weltberühmte Riesenrad eröffnet, zur Feier des 50. Thronjubiläums Kaiser Franz Josephs I. Mit fast 65 Meter Höhe gilt es als Wahrzeichen Wiens. Aufsehen erregte ein Jahr nach der Eröffnung die Aktion der Wienerin Marie Kindl. Um auf ihre Armut und soziale Not hinzuweisen, hängte sie sich während der Fahrt aus dem Fenster eines Waggons.

Im Zweiten Weltkrieg wurde der Wurstelprater fast vollständig zerstört und in den folgenden Jahren wieder aufgebaut. Noch heute gibt es hier die angeblich älteste Holzrutsche der Welt: der »Toboggan«, in dem man auf einem Sack von einem Turm hinunterrutscht. Der Toboggan wurde 1913 unter dem Namen »Teufels Rutsch« eröffnet. Um ihn rankt sich die Gruselgeschichte einer tödlichen Rutschpartie. In den 1950er-Jahren soll eine Besucherin beim Rutschen getötet worden sein, weil sich ein Brett in der Rinne gelöst

Auf dem Holzweg ist man mit dem Toboggan schon lange nicht mehr.

Im Wurstelprater kann man sich auf vielfältige Art vergnügen.

und die junge Frau aufgespießt haben soll. Die wahre Geschichte laut Besitzerin: Eine junge Frau hatte sich an einem Holzsplitter verletzt, musste ins Spital und konnte es wieder verlassen – und zwar lebend. Holzsplitter sind inzwischen jedenfalls keine Gefahr mehr: Die Rutsche ist schon lange mit Polyester überzogen.

Wer den Adrenalinkick sucht, findet ihn in einer der Geisterbahnen, Achterbahnen oder in einer der ganz wilden Attraktionen wie der »Black Mamba«. Richtig abheben geht auch am »Prater Turm«, einem Kettenkarussell, das Schwindelfreie in 117 Meter Höhe bringt und mit einem unvergesslichen Weitblick weit über Wien hinaus belohnt. Deutlich gemütlicher geht es bei Ringelspielen oder der Alt Wiener Grottenbahn zu. Mit der Liliputbahn kann man durch einen Teil des Grünen Praters fahren.

Schon wie zu Kaisers Zeiten wird auch heute für leibliches Wohl gesorgt – mit Imbissständen, Zuckerwatte- und Eisständen bis zu Restaurants, Cafés und nicht zuletzt dem legendären Schweizerhaus mit seinen knusprigen Stelzen und einem Gastgarten, der wie Wien in 23 Bezirke gegliedert ist. Und egal, ob man es rasant, lustig, gruselig oder doch lieber gemütlich haben will, der Wurstelprater ist sicher eine Entdeckungsreise wert.

So finden Sie zum Schatz

Kontakt: https://prater.at
Anreise: Der Wurstelprater befindet sich im 2. Bezirk, der Haupteingang ist über die Station Praterstern erreichbar. Hier treffen sich die U-Bahnen U1 und U2, die Straßenbahnen O und 5, die Buslinien 5B, 80A und 82A sowie diverse Schnellbahnen.
Mit dem Auto kann man etwa im Parkhaus Prater-Ausstellungsstraße oder auf dem Parkplatz Prater-Waldsteingartenstraße parken.

SIEGER 2021

WIEGENSEE

Sensibler Schatz in schützenswerter Umgebung

Wo Gams und Steinbock sich ebenso zu Hause fühlen wie Birkhuhn, Schneehuhn, Wanderfalke oder Steinadler, finden stramm Wandernde einen der schönsten Plätze Österreichs. Der Wiegensee liegt oberhalb von Partenen im Montafon auf mehr als 1.900 Meter Höhe und kann nur nach eineinhalb bis zwei Stunden Gehzeit erreicht werden.

**Der Wiegensee wurde am 26. Oktober 2021
zum schönsten Platz Österreichs gekürt.**

Die außergewöhnliche Landschaft des Europaschutzgebiets Verwall ist mit 120 Quadratkilometer Fläche das größte Schutzgebiet Vorarlbergs. Am südlichen Rand des Europaschutzgebiets Verwall befindet sich ein speziell ausgewiesenes Schutzgebiet: der Wiegensee. Dieser kleine Moorsee liegt am Fuße der Versalspitze, malerisch eingebettet in einer Hangverebnung, der sogenannten Wiege. Die Moorlandschaft rund um den See weist ein spannendes botanisches Phänomen auf: Gräser und Moose wachsen auf die Wasseroberfläche und bilden dort ein dichtes Geflecht. Wer dieses betritt, würde einsinken und dabei den Schwingrasen, also den gesamten Moorkomplex, schwer beschädigen. Deshalb ist es streng verboten, sich im Wiegensee zu erfrischen, schließlich müsste man den Uferbereich betreten. Für die Wanderinnen und Wanderer wurden daher extra Stege angelegt, damit der Moorkörper unversehrt bleibt. Trotzdem wird der Wiegensee irgendwann verlanden. Das lässt sich schon an den Weihern in der Umgebung beobachten, deren Wasserkörper bereits fast vollständig mit Pflanzenmaterial gefüllt sind. Wir sprechen aber vermutlich von Jahrhunderten.
Die Natur hat diesen Moorsee einst geschaffen, der Mensch darf das Schauspiel genießen, mit großer Vorsicht, als achtsamer Gast.

Kontakt: Gemeinde Gaschurn-Partenen, Dorfstraße 2, 6793 Gaschurn
Tel. 05558 8202-0, www.gaschurn-partenen.at
Silvretta-Bielerhöhe, Silvrettastraße, 6794 Partenen
Tel. 05556 70183167, www.silvretta-bielerhoehe.at

WILLERSDORFER SCHLUCHT

Überraschendes Augebiet im Dreiländereck

Die sanfte sogenannte Schlucht beginnt nahe dem Dreiländerstein im Grenzgebiet von Niederösterreich, Burgenland und der Steiermark und ist in eine üppig wuchernde Aulandschaft eingebettet.

Der Willersbach entspringt im Grenzgebiet von Niederösterreich, dem Burgenland und der Steiermark. Nahe dem Dreiländerstein beginnt die sogenannte Willersdorfer Schlucht. Eingebettet zwischen dicht bewaldeten Hängen plätschert der Willersbach auf gut fünf Kilometern bis zur Ortschaft Willersdorf in der Gemeinde Oberschützen. Die idyllische Schlucht kann beschaulich zu Fuß erkundet werden. Auf Holzbrücken legt man gern eine Rast ein, um den Bach in seinem überwucherten Bett zu bewundern. Die Willersdorfer Schlucht ist in vielerlei Hinsicht eine Besonderheit. Als burgenländische Ausläuferin des Wechselmassivs hat sie Anteil an den Zentralalpen. Deshalb findet man sogar am Rande der pannonischen Ebene Pflanzen und Tiere, die man eher aus gebirgigen Regionen kennt. So blühen im Frühjahr unter anderem Wald-Gelbstern, Finger-Lerchensporn und Sumpfdotterblume. Die Wiesen sind übersät mit Alpen-Krokussen und Frühlingsknotenblumen. Im Frühsommer reifen Heidelbeeren.
Für Naturliebhaberinnen und Naturliebhaber stehen entlang des Wanderpfades Informationen über die außergewöhnliche Population in der Schlucht. Denn die Tierwelt der Au ist ebenso bemerkenswert. Der scheue Schwarzstorch und verschiedene Schmetterlinge wie der Schwarze Apollo, der Aurorafalter und der Große Schillerfalter sind hier angesiedelt.

Kontakt: Gemeinde Oberschützen, Hauptplatz 1, 7432 Oberschützen
Tel. 03353 7524, www.oberschuetzen.at
Esterhazy Betriebe, Esterhazyplatz 5, 7000 Eisenstadt
Tel. 02682 63004, www.esterhazy.at

BLUMENBERG MUSSEN

Almwiesen-Paradies am Eingang zum Lesachtal

Westlich von Kötschach-Mauthen erstreckt sich ein Alm-Paradies mit seltener Pflanzenvielfalt bis hin zu den Lienzer Dolomiten. Woher der Name Mussen kommt, ist nicht überliefert.

Der Kärntner Blumenberg lockt mit seiner Duft- und Blütenpracht überdurchschnittlich viele Insekten, aber auch Botanikerinnen und Botaniker an. Jedes Jahr Ende Juni bis Anfang Juli verwandelt sich der Gebirgsstock in ein Meer aus Blüten. Seine sonnige Lage, der Boden, viel Niederschlag, wenig Wasser am Berg und die Nähe zu Italien sind dafür verantwortlich, dass in etwa 1.400 bis 2.000 Meter Seehöhe eine für den Alpenraum einzigartige Pflanzenvielfalt zu finden ist. Ein Streifzug durch die Bergwiesen- landschaft, die sich auf mehr als vier Quadratkilometern erstreckt, wirkt paradiesisch. Aus gutem Grund steht das Gebiet seit 1978 unter Naturschutz.

Diese Vielfalt wurde erst durch Eingriffe in die Natur möglich. Einst wuchsen am Gebirgsstock bis hinauf zu den Gipfeln Fichten und Lärchen. Vor Hunderten Jahren machten sich die Bauern Platz für Wiesen. Erst die jährliche Mahd führte zu einer derartigen Vielfalt an Pflanzen. Die Mussenbauern etablierten eine eigene Form der Bewirtschaftung. Es wird nie das gesamte Gebiet gleichzeitig gemäht, sondern jedes Jahr abwechselnd etwa die Hälfte der Wiesen, damit sich Samen verbreiten können.

Die Mussen ist auch wegen ihrer Insektenvielfalt ein besonderer Fleck. Es wurden mehr als 1.000 Tier- arten dokumentiert, darunter allein 670 verschiedene Schmetterlinge.

Kontakt: Tourismusbüro Kötschach-Mauthen
Rathaus Kötschach 390, 9640 Kötschach-Mauthen
Tel. 04715 8516, www.koemau.com

SITZENDORFER KELLERGASSE

Wo die Kellerkatze daheim ist …

… da trinkt man guten Wein, so sagt das Sprichwort. Etwa 5.000 Besucherinnen und Besucher verfolgen jährlich die Spuren der Katze am »Kellerkatzenweg« in Hollabrunn. Angelockt vom Duft des Weines, lassen sich nicht nur besondere Unterwelten erkunden.

Rund 35 Gassen stellen unter Beweis, dass Hollabrunn den Namen Hauptstadt der Kellergassen durchaus verdient. Seit 2014 ist die Sitzendorfer Kellergasse ein beliebtes Ausflugsziel. Durch sie führt ein 4,1 Kilometer langer Rundweg, auf dem in 25 Stationen die Arbeits- und Lebenswelt der Weinhauerinnen und Weinhauer und ihre Entwicklung geschildert werden.

Wie der Name verrät, spielt die Kellerkatze eine wichtige Rolle. Zahlreiche Mythen sind über die Symbolfigur im Umlauf. Früher war sie dafür zuständig, Mäuse in Presshäusern zu jagen. Danach machte sie es sich auf einem Weinfass gemütlich. Beobachtungen zufolge legte sich die Katze immer auf das wärmste Fass. Für Winzer war dies ein Hinweis, dass in diesem der Most am längsten gärt und somit vielversprechend für einen gehaltvollen Wein ist.

Die Kellergassen entstanden im 18. Jahrhundert vor allem dort, wo seit dem Mittelalter Vorratskeller in den Löss gegraben worden waren. Meist lagen sie erhöht, um vor Hochwasser geschützt zu sein. Als es den Bauern ermöglicht wurde, selbst Wein zu produzieren, wurden Presshäuser davorgesetzt.

Mit der Übersiedlung der Weinproduktion in moderne Betriebsanlagen wurden die Kellergassen ihrer Bestimmung enthoben, manche sind verfallen, viele werden aber revitalisiert und zu privaten und kulturellen Zwecken genützt.

Kontakt: Manfred Breindl, Obmann des Vereins zur Förderung der Sitzendorfer Kellergasse
Jahnstraße 8, 2020 Hollabrunn, Tel. 0676 3563232, www.kellerkatzenweg.at

GIMBACH IM WEISSENBACHTAL

Unbewohnte Pracht in wetterfühligen Farbnuancen

Das Weißenbachtal verbindet den Attersee mit dem Trauntal zwischen Bad Ischl und Ebensee und verläuft südlich des Höllengebirges. Und: Es ist – abgesehen von den Taleingängen – vollkommen unbewohnt.

Im Weißenbachtal verbergen sich einzigarte Wasserwunder – und malerische Schotterbänke, die zum Picknicken und Spielen im kalten Wasser einladen. Ein verlockendes Ziel sind die Gimbach-Kaskaden. Der Gimbach entspringt im südlichen Höllengebirge, in Steinbach am Attersee, und mündet in den Äußeren Weißenbach, der wiederum in den Attersee mündet. Er fällt von der Südflanke des Höllengebirges über rund 200 Höhenmeter. Mehrere Wasserfälle, die in Gumpen von zwei bis sieben Meter Tiefe münden, bilden ein schönes Naturschauspiel. Beeindruckend ist der Lauf des Gimbachs: Schmale, tief in den Fels geschliffene Strömungsläufe wechseln sich mit zahlreichen Mäandern ab – und dazwischen immer wieder die Gumpen. Das macht den Bach auch für Taucherinnen und Taucher sehr attraktiv.

Interessant ist die wechselnde Farbe des Gimbachs: Sie richtet sich nach der Dauer der Schönwetterphase. Nach langen Trockenperioden schimmert er grün, nach regnerischem Wetter zeigt er sich gelblich. Mit der richtigen Ausrüstung und unter fachkundiger Anleitung ist eine Canyoningtour ein aufregendes Vergnügen. Die Tour führt über mehrere Kaskaden des Baches, die durch Rutschen und Springen überwunden werden.

Kontakt: TVB Attersee-Attergau, Attergaustraße 31, 4880 St. Georgen/Attergau, Tel. 07666 7719
Informationsbüro Steinbach, 4853 Steinbach 5, Tel. 07663 255-0, www.attersee-attergau.salzkammergut.at

ORF S

KRIMMLER WASSERFÄLLE

Österreichs größte Wasserfälle haben heilende Kräfte

Im Oberpinzgau findet man einen Ort, der nachweislich die Gesundheit fördert. Was Generationen schon gespürt haben, ließ sich wissenschaftlich belegen. Die Wasserfälle in der Gemeinde Krimml, die auf 1.100 Meter Seehöhe im Nationalpark Hohe Tauern liegt, haben heilende Kräfte.

Mit mehr als 380 Meter Fallhöhe sind die Krimmler Wasserfälle die höchsten Wasserfälle Österreichs und zählen sogar zu den größten der Welt. Doch sie haben noch mehr zu bieten. Vor rund zehn Jahren lieferte die Paracelsus Medizinische Privatuniversität Salzburg den wissenschaftlichen Beweis: Der Aufenthalt im Nahbereich der Wasserfälle bewirkt eine Verbesserung bei Asthma-Symptomen. Die Aerosole entfalten hier ihre positive Wirkung. Der Sprühnebel stimuliert das Immunsystem und hilft gegen Allergien und Asthma.

Aber natürlich ist auch die Flora und Fauna im Umfeld des tosenden Wassers besonders. Mehr als 60 Vogelarten sind hier zu Hause. Zudem lassen sich seltene Farne, Flechten und Moose entdecken.

In drei Stufen kommen die Krimmler Wasserfälle Aufsteigenden entgegen – der obere Wasserfall mit 140 Meter Höhe, der mittlere flachere Teil, auch Schönangerlboden genannt, und der untere Wasserfall mit 200 Meter Höhe. Bis zur obersten Stufe sollten Sie etwa eineinhalb Stunden Gehzeit einplanen. Tosendes Wasser, das zu spüren und vor allem auch deutlich zu hören ist, hat außerdem eine erstaunliche Wirkung: Bei vielen Menschen lässt dieser »Naturlärm« innerliche Ruhe einkehren und steigert so das Wohlbefinden.

Kontakt: ÖAV Sektion Warnsdorf/Krimml
5743 Krimml, Tel. 06564 7212
www.krimmler-wasserfaelle.at
www.hohe-tauern-health.at

HANDWERKERDÖRFL IN PICHLA

Eine Welt der Schätze in der Südsteiermark

In St. Veit in der Südsteiermark erzählen 25 Häuser die Geschichte einer großen Leidenschaft. Gerhard Seher sammelt nämlich seit mehr als vier Jahrzehnten und baute 15 Jahre am Handwerkerdörfl Pichla, seinem Lebenswerk.

Ein altes Bauernhaus auf dem Hof seiner Eltern war einst Gerhard Sehers Lieblingsort und Inspiration für sein Lebenswerk. Über Jahrzehnte baute er ein ganzes Dorf, das er liebevoll mit historischen Details ausstattete. So entstand ein Sammelsurium, das mit seinen jahrhundertealten Häusern, Möbelstücken und Werkzeugen zu verzaubern vermag. Dass der gelernte Buchdrucker und technische Angestellte ein ganzes Dorf mit seinen eigenen Händen aufgebaut hat, ist bemerkenswert.

Alle 25 Häuser wurden in einem Radius von maximal 50 Kilometer Entfernung abgetragen. Und jedes erzählt seine eigene Geschichte. In der Schule lässt sich der Unterricht des 18. Jahrhunderts nacherleben. Zu einem Einkaufsbummel in alten Zeiten lädt eine Greißlerei ein.

Gerhard Seher will Dinge, die nicht vergessen werden sollen, für die Nachwelt bewahren, nicht zuletzt, weil irgendwann jemand sie mit viel Liebe gefertigt hat. In St. Veit findet man Schätze in Hülle und Fülle; schaut einem Weber über die Schulter, macht Halt bei einer Wagnerei, einer kleinen Kapelle, einem Bienenhaus – oder blickt in die Rauchküche einer Bauernfamilie aus dem 18. Jahrhundert. Zu schön ist es, in eine Welt einzutauchen, in der man nicht viel brauchte und doch so viel schaffte – mit seinen eigenen Händen.

Kontakt: Handwerkerdörfl, Gerhard Seher
Pichla bei Mureck 71, 8481 St. Veit in der Südsteiermark
Tel. 0664 3832963, Voranmeldung erbeten

GSCHNITZTAL

Filmreife Rarität in den Stubaier Alpen

Auf der einen Seite flankiert von mehreren Dreitausendern und auf der anderen Seiten von sanfteren Bergen, ruht das idyllische Gschnitztal in den Stubaier Alpen. Es lockt mit urigen Almen, gemütlichen Gasthäusern und saftigen Wiesen als Ausgangspunkt für Bergtouren oder auch als Ziel für pure Genießerinnen und Genießer.

Das Seitental des Wipptales beheimatet beschauliche Dörfer, Almen und besondere Bewohnerinnen und Bewohner. Die beiden Dörfer im Gschnitztal heißen Gschnitz und Trins. Trins gilt als eines der wenigen noch unverfälschten Tiroler Bergdörfer. Nicht zuletzt deshalb war es wohl schon des Öfteren Filmkulisse. Die Gemeinde Gschnitz liegt etwas tiefer im Tal. Die urigen Bauernhöfe zeugen von der langen Geschichte des Dorfes. Etwa 420 Menschen leben hier. Gschnitz gehört wie Trins zu den Bergsteigerdörfern.

Neben vielen Wanderungen zu insgesamt fünf Almen und sieben Berghütten bietet das Gschnitztal auch hochalpine Touren. Auf eine Zeitreise begibt man sich im Mühlendorf. Man wandert auf alten Pfaden und kann die Gebäude von außen und innen erkunden. Ein tierisches Ausflugsziel in Gschnitz ist die Alpaka-Farm von Renate und Franz Mader. Die Herde von 20 Alpakas freut sich über Besuch. Bei einer Wanderung kann man die sympathischen Tiere besser kennenlernen.

Fast die gesamte Fläche des Tals ist Teil von Schutzgebieten. Die vielfältige und einzigartige Fauna und Flora sind unvergleichliche Naturschätze. Eine Wanderung im Frühsommer, etwa zum Blaser, lässt das Herz jeder Botanikerin und jedes Botanikers höher schlagen.

Kontakt: Tourismusverband Wipptal
Rathausplatz 1, 6150 Steinach in Tirol
Tel. 05272 6270, www.wipptal.at

9 Plätze – 9 Schätze   SIEGER 2021

BLUMENGÄRTEN HIRSCHSTETTEN

Naturjuwel für alle Sinne

Die Blumengärten Hirschstetten bieten ein Pflanzen- und Tierparadies abseits der viel begangenen Pfade. Hier kann man an mehr als 30 Lavendelarten riechen, genauso wie man Wildkatzen treffen, in drei verschiedene Klimazonen eintauchen oder einen historischen Bauernhof besuchen kann.

Seit den 1950er-Jahren kultiviert man in Hirschstetten jene Pflanzen, die ganz Wien jährlich schmücken. Auch weil die eigene Produktion durch Zukauf zurückging, wurden 2002 die Anbauflächen für Blumenfreundinnen und -freunde zugänglich gemacht. Sie können nun im 22. Wiener Gemeindebezirk in eine Welt mit Tausenden besonderen Blumen und anderen Pflanzen sowie seltenen Tieren eintauchen. In der 146.000 Quadratmeter großen Anlage begibt man sich durch die länderbezogenen Gärten also auf eine richtige Reise.

Das Palmenhaus ist mit seinen drei Klimazonen der dritte Zoo Wiens. Perfekt unter anderem für Nilflughunde, Straußwachteln und Kornnattern sowie Kakaobäume und Vanillepflanzen. Auch das Florarium ist Wohnraum für seltene Tiere. Schräg gegenüber dem Urzeit-Garten verzaubert im Garten der Provence der Duft von Lavendel die Sinne. Apropos Sinne: Auch Heiraten ist in diesem Paradies möglich, nämlich in einem Hochzeitsgarten mit eigenem Hochzeitspavillon.

Gleich dahinter kann man sich dann verirren. Der Irrgarten bietet mit 3.000 Feldahornen auf einer Länge von fast einem Kilometer die Möglichkeit des »In-die-Irre-Gehens«. All die vielen, liebevoll gestalteten Plätze lassen sich auch von einer Aussichtsplattform aus überblicken.

Kontakt: www.wien.gv.at/umwelt/parks/blumengaerten-hirschstetten

FOTOMOTIVE, BILD- UND TEXTNACHWEIS

OBERÖSTERREICH Text ORF/Mag. Jutta Mocuba **Teiler** S. 66: TVB-Attersee Attergau/Moritz Ablinger // **Porträts** S. 68: Richard Haidinger, Felicitas Matern // **Europakreuz am Feuerkogel** S. 71: Cityfoto, Simlinger, Pelzl (2×), OÖ Seilbahnholding/Peter Grögler; S. 72: TVB Traunsee-Almtal/Karl Heinz Ruber // **Botanischer Garten** S. 75: Cityfoto, Simlinger, Pelzl; S. 76: Cityfoto, Simlinger, Pelzl (1×), Friedrich Schwarz (2×); S. 78: Friedrich Schwarz // **Burg Altpernstein** S. 81: Isiwal CCBYSA4.0, Helena Wimmer, stuestaund.at CCBYSA2.0; S. 82: patrikniebes CCBY2.0, Cityfoto, Simlinger, Pelzl (2×) // **Gimbach im Weißenbachtal** S. 184: Roland Pelzl/Cityfoto

SALZBURG Text ORF/Mag. Viola Wörter **Teiler** S. 84: ORF/Georg Hummer // **Porträts** S. 86: ORF/wildbild, ORF/ Thomas Ramstorfer // **Liechtensteinklamm** S. 87–91: Atelier Oczlon // **Egelsee Abtenau** S. 93: Walter Keller; S. 94: Walter Keller, ORF Salzburg/Gabriele Hanke, Claudia Schönleitner; S. 96: ORF Salzburg/Gabriele Hanke // **Weitwörther Au** S. 99: Christian Ragger (2×), Land Salzburg/Melanie Hutter; S. 100: Christian Ragger (3×), J. Schied // **Krimmler Wasserfälle** S. 187: Alpenverein Krimml/Michael Huber/huber-fotografie.at

STEIERMARK Text ORF/Sandra Suppan BA MA **Teiler** S. 102: ORF/Regine Schöttl // **Porträts** S. 104: ORF/ Regine Schöttl // **Günster Wasserfall** S. 105–109: ORF/Regine Schöttl // **Friedenskircherl** S. 110–114: ORF/Regine Schöttl // **Roseggers Geburtshaus** S. 115–119: ORF/Regine Schöttl // **Handwerkerdörfl** S. 188: ORF/Regine Schöttl

TIROL Text ORF/Katharina Kramer **Teiler** S. 120: TVB Tannheimer Tal/Achim Meurer // **Porträts** S. 122: Hermann Hammer, Christoph Ascher // **Fernsteinsee** S. 123–127: Ursula Aichner/fotowerk // **Grawa Wasserfall** S. 128–132: Ursula Aichner/fotowerk // **Klobensteinschlucht** S. 133–137: Ursula Aichner/fotowerk // **Gschnitztal** S. 188: Ursula Aichner/fotowerk

VORARLBERG Text ORF/Mag. Kerstin Polzer **Teiler** S. 138: Hanno Thurnher // **Porträts** S. 140: ORF Vorarlberg, Niklas Stadler/www.niklasstadler.at // **Bregenzer Oberstadt** S. 141–145: Hanno Thurnher // **Schwarzwasserbach** S. 146–150: Hanno Thurnher // **Üble Schlucht** S. 151–155: Hanno Thurnher // **Wiegensee** S. 176: Hanno Thurnher

WIEN Text ORF/MMag. Dr. Elisabeth Vogel **Teiler** S. 156: Josef Bollwein/www.flashface.com // **Porträts** S. 158: ORF/Thomas Ramstorfer, Bavaria Fernseh GmbH/Christof Arnold // **Schloss Belvedere** S. 161: GuLa Langegger; S. 162: GuLa Langegger (2×), Belvedere/Johannes Stoll // **Kaasgrabenkirche** S. 164–168: GuLa Langegger // **Wurstelprater** S. 171: GuLa Langegger; S. 172: Andreas Eberhart // **Blumengärten Hirschstetten** S. 192: Josef Bollwein/ www.flashface.com